LA VÉRITÉ

SUR

LE RADICALISME

LE RÉPUBLICANISME

ET

L'ÉTAT DE SIÉGE

VOIES ET MOYENS

GRENOBLE

En vente chez MM. BARATIER & DARDELET, imprimeurs-libraires

— MAISONVILLE & FILS, id.

Auguste COTE, libraire.

1877

AVANT-PROPOS

L'auteur, avant de publier ce travail, dont l'exécution a été nécessairement précipitée et modifiée par des circonstances imprévues, a cru devoir le soumettre à des personnes compétentes et éclairées; encouragé par leur assentiment et même par des observations dont il a reconnu la justesse et qu'il s'est empressé d'accepter il n'hésite plus à le livrer à la publicité.

LA VÉRITÉ

SUR

LE RADICALISME, LE RÉPUBLICANISME

ET

L'ÉTAT DE SIÉGE

VOIES ET MOYENS

La mort subite du personnage qui, à l'aide de son habileté, de ses antécédents et de la prodigieuse mobilité de ses opinions et de sa conduite politique, était parvenu à retarder l'explosion du radicalisme, n'a-t-elle pas créé pour le pays un danger, sinon plus grand, du moins plus imminent et plus accentué ? Sans doute, cet événement a jeté le trouble et la perturbation parmi ces ambitieux qui prétendent profiter du succès des prochaines élections obtenu par les votes d'électeurs pervertis ou égarés, et, ensuite, les dominer ; mais renonceront-ils aujourd'hui à ce projet aussi dangereux qu'insensé? Ne s'efforceront-ils pas, au contraire, de redoubler leurs efforts et de recourir aux plus détestables moyens? La persistance de leurs journaux, l'assurance et l'audace même qu'ils manifestent, suffisent pour résoudre ces questions.

Sous ces appréhensions, et en présence de périls aussi graves bien qu'éventuels, l'un des républicains les plus anciens et les plus éprouvés, mais qui n'a cessé d'être conservateur et catholique, croit devoir renoncer momentanément au silence et au repos recommandés à un âge très avancé, pour proposer des moyens de salut, tout à la fois prompts, efficaces et légaux, que lui a suggérés une longue expérience des hommes et des affaires; mais, pour en faire apprécier l'impérieuse nécessité, des explications préliminaires lui ont paru indispensables; armé du flambeau de la *Vérité*, il s'efforcera de répandre la lumière au milieu des ténèbres de l'erreur et du mensonge.

Aujourd'hui, la situation politique et sociale, naguère si confuse et si compliquée, se trouve singulièrement éclaircie et simplifiée; le suffrage universel va être incessamment appelé à se prononcer, quoiqu'indirectement, entre deux noms, celui du Président actuel de la République, du vaillant et honorable soldat dont le patriotisme et le désintéressement n'ont jamais failli, et celui, sans doute, de ce saltimbanque révolutionnaire qui, averti par des complices plus prudents, s'était caché provisoirement sous le manteau, vieux et usé, de celui-là même qui avait combattu naguère ses déplorables utopies et l'avait flétri de l'épithète de *fou furieux;* celui qui, avide de ressaisir le pouvoir pour satisfaire, de nouveau, son orgueil et ses insatiables cupidités et, en même temps, se soustraire aux graves responsabilités de ses antécédents, n'hésiterait pas à continuer, le cas échéant, les désastres militaires et financiers auxquels il a largement contribué et dont il est accusé d'avoir profité : quelque démoralisée, quelque tourmentée que soit l'époque actuelle, nous espérons que le suffrage universel, si on parvient à l'éclairer et à le diriger, se refusera à satisfaire de pareilles prétentions.

A la vérité, divers journaux radicaux semblent s'accorder, depuis le décès du grand et petit personnage, à le faire remplacer par M. Grévy qui a été président de la Chambre des députés : M. Gambetta et ses congénères ont donc oublié cette apostrophe que M. Grévy lui adressa à cette époque : *Vous mourrez dans la peau d'un factieux ;* il est vrai que ce dernier, en recherchant et en acceptant le concours de M. Gambetta et de ses acolytes, ne ferait que suivre l'exemple de M. Thiers, qui avait traité celui-ci de *fou furieux*; il semble, comme on le verra plus loin, que les démentis et les contradictions ne coûtent rien à ceux qui font partie des 363 ; mais si c'est pour un électeur radical ou inconscient, un titre à sa confiance, ne serait-ce pas pour tout électeur honnête et qui a quelque soin de sa dignité, un motif de défiance et de déconsidération ?

Le journal l'*Univers,* auquel nous laissons le mérite comme la responsabilité de sa rédaction remarquable et expressive et, par fois, mordante et acerbe, rend compte ainsi qu'il suit de l'effet, négatif sur l'avenir, des œuvres et de la personnalité de M. Thiers, ainsi que de la position de M. Grévy appelé par les radicaux à le remplacer à défaut de M. Gambetta :

« Le thème de sire About est que M. Thiers laisse

« derrière lui une forte et nombreuse école politi-
« que, qu'il a créée et qui ne désertera pas son œuvre
« inachevée. La plaisanterie est lugubre ; M. Thiers
« chef d'école, voilà qui ne se peut rencontrer qu'au
« fond de l'écritoire à sec d'un journaliste aux abois.
« M. Thiers a été l'un des esprits les plus absolu-
« ment dégagés de toute apparence de doctrine. En
« fait de doctrines, il n'y eut pour lui que des ex-
« pédients ; en fait de principes, il ne prit conseil
« que du vent et des circonstances. M. Thiers ne fut
« d'aucune école, d'aucune secte, et n'eut de convic-
« tion que sa foi démesurée en lui-même et sa per-
« sonnelle infaillibilité. Il fut M. Thiers, rien que
« M. Thiers. Nul homme en vue peut-être ne fut
« aussi prodigieusement, aussi uniquement doué
« pour ne rien laisser de lui après lui et mourir tout
« entier.

« Parlant de l'empressement avec lequel M. Gam-
« betta s'est effacé devant M. Grévy, le *Times* dé-
« clare que M. Gambetta a agi très sagement. Mais
« pour lui si ce choix est dans un sens un choix ad-
« mirable, il est d'autre part oiseux d'affirmer que
« M. Grévy soit un homme d'État populaire comme
« M. Thiers ou même comme Gambetta. Considéré
« comme il l'est parmi ceux des siens qui s'intéres-
« sent de près à la politique, M. Grévy est à peine
« connu de nom dans le peuple. »

La *Correspondance politique de Vienne*, organe officieux du gouvernement austro-hongrois, affirme suivant le *Français* du 10 septembre : « qu'en réa-
« lité M. Thiers n'était plus dans les derniers temps
« qu'un chaperon pour M. Gambetta : il ne peut
« plus être question aujourd'hui de cette illusion et

« le Maréchal et Gambetta se trouvent face à face. » Le *Français* y ajoute le témoignage de plusieurs autres feuilles étrangères, entre autres celui de l'*Émancipation belge*, ainsi conçu : « Tous les voiles sont « aujourd'hui déchirés ; l'équivoque n'est plus pos- « sible, la lutte est entre le Maréchal de Mac Mahon « et Gambetta ».

Au fond, c'est une lutte ouverte, une guerre nettement déclarée quoiqu'avec des chances absolument inégales, entre le radicalisme secondé par des ambitieux avides du pouvoir à tout prix et les conservateurs des divers partis politiques, royalistes, impérialistes et républicains honnêtes ; c'est une question de vie ou de mort pour les conservateurs voués à l'avance, en cas de défaite, à la persécution, à la spoliation, à l'incendie et même à l'assassinat ; mais il n'en est pas de même pour les radicaux qui, en cas d'insuccès, s'empresseraient d'invoquer les principes d'ordre, de modération et de charité chrétienne professés par leurs adversaires et dont ceux-ci ne sauraient se départir ; le banissement ou la déportation prononcés juridiquement contre les révolutionnaires les plus compromis et exécutés avec les égards habituels et l'espoir du retour, ne seraient pas pour eux des châtiments bien redoutables ; la majeure partie, antipathique au travail et à l'économie, n'a pas su acquérir ou conserver quelque fortune ; ignorante ou pervertie par de funestes enseignements, n'ayant plus ni croyance religieuse, ni patriotisme, elle entrevoit dans la ruine du pays la satisfaction passagère de ses appétits, disposée, au besoin, à tendre la main à l'envahisseur étranger dans l'espoir d'obtenir ses ménagements et même son appui et de continuer ses brigandages sur les restes de la patrie démembrée de nouveau : *Périsse la France plutôt que le radicalisme*, tel est le dernier vœu émis par des sectaires impies , vœu tout-à-fait logique. La *Défense* a reproduit cette opinion émise pendant la guerre par César Bertholon, ex-député, dans son journal, *périsse plutôt la France tout entière que de voir compromettre la République*, c'est-à-dire sa République, le socialisme; l'*Univers* rapporte ce mot de M. Picard : *Pour la République, deux provinces, c'est donné; le Peuple*, une des feuilles de prédilection des révolutionnaires, prétend que *septembre 1870 fut une aurore et que ce n'est pas trop dur d'acheter la chute de l'Empire au prix de deux provinces et de nos milliards*. Au reste, leurs projets, leurs menaces ont retenti trop souvent dans les journaux et autres publications, dans les cercles, les clubs et ateliers français et étrangers et même à la tribune de la Chambre des députés, pour qu'il reste aucun doute sur leurs intentions, du moins pour tout esprit sérieux et impartial: mais ayant à lutter contre la mauvaise foi des chefs du radicalisme, l'ignorance et l'asservissement de la majeure partie de ses adeptes, l'oubli, l'indifférence ou la quiétude inconsciente de certains conservateurs, nous croyons devoir reproduire quelques autres insanités publiées par les radicaux.

Le *Mot d'Ordre*, qui est l'organe le plus accrédité du radicalisme, a dit « que le Gouvernement actuel n'était plus supportable et qu'il fallait une *révolution* pour le détruire. » Récemment, en répondant à un discours de M. Thiers, qui rappelait en termes ambigus et contradictoires ses opinions conservatrices, ce même journal affirme nettement « que *la République conservatrice est la plus sotte et la plus funeste des utopies.* » Un autre journal, plus audacieux, prétend, d'après la *Défense*, qu'il n'est pas possible de supporter, non pas seulement le gouvernement actuel, mais même tout gouvernement; ailleurs, le *Mot d'Ordre* termine une longue diatribe d'insultes et de mensonges par cette excitation : *travaille, canaille, d'autres en jouiront.* Nous n'en finirions pas si nous voulions ressasser toutes les insanités et les provocations que la presse radicale ne cesse d'adresser à des populations ignorantes et incrédules ; mais pour faire sortir certains conservateurs de l'état d'indifférence, de tranquillité et d'ignorance dans lequel ils se complaisent, nous croyons devoir reproduire une manifestation plus significative que les autres par son cynisme et son atrocité et qui a fait le tour de la presse française et étrangère sans qu'elle ait été reniée ou blâmée par les radicaux; elle émane d'un journal qui se publie à Genève sous ce titre : *Qui Vive!* et a pour correspondant à Paris le *Daily-Télégraph ;* un numéro très répandu pendant les dernières élections municipales de Paris, contient ce qui suit : « Sachez que nous n'avons qu'une seule « pensée, la vengeance, et nous l'aurons terrible, « exemplaire; un jour viendra, vous ne l'ignorez « pas, où nous serons les maîtres : alors, il n'y aura « plus de miséricorde pour les assassins de 1848 et « de 1871 : que vos têtes soient blanches, ou non, « nous les faucherons de sang-froid; nous ne res« pecterons ni vos femmes ni vos filles; nous serons « sans pitié pour elles, nous ne leur devons que la « mort; la mort sera à l'ordre du jour jusqu'à ce

« que votre race maudite ait disparu ; à bientôt, « messieurs les Bourgeois. » Ce ne serait, d'ailleurs, qu'une imitation et la conséquence toute naturelle des orgies sanguinaires de 93 (moins le courage patriotique de cette époque contre l'invasion étrangère), des insurrections sanglantes de 1848, des incendies au pétrole et des assassinats de 1871 : sans doute, il y a parmi les égarés et les ambitieux qui font actuellement cause commune avec les radicaux, beaucoup d'individus opposés à ces turpitudes et qui n'en croient pas le retour possible (nous en connaissons parmi les 363, même parmi les rédacteurs des *Débats*, qui sont réellement honorables par leur caractère comme par la dignité de la vie privée), ils prennent le titre de *modérés;* mais ils subiraient inévitablement les entraînements de la lutte et d'un triomphe obtenu à l'aide du nombre et de la force brutale et dont la direction ne tarderait pas à tomber entre les mains de meneurs audacieux et plus avancés ; puis, pour conserver une méticuleuse popularité ou sauver leur existence menacée, ils finiraient par devenir aussi exaltés et aussi dangereux que les autres ; c'est là l'histoire de toutes les révolutions. La *Gazette de Silésie*, d'après le *Français* du 10 septembre « approuve le gouvernement français d'avoir affirmé « son énergie en exerçant des poursuites contre « M. Gambetta et exprime l'opinion que si les « gauches arrivent au pouvoir elles ne pourraient « résister plus d'un an, plus de six mois, peut-être « à l'envahissement des pires intransigeants, des « communards : ceux-ci maîtres du gouvernement « de la France seraient un péril pour l'Europe, car « ils ne sauraient garder le pouvoir sans déchaîner « la guerre sociale. »

« Le correspondant de *Stuttgard du Vaterlan* voit « les mêmes dangers au succès du parti radical. »

Déjà le radicalisme n'attend pas le résultat des élections pour formuler ses exigences ; il l'exploite à l'avance contre les modérés ; sa principale feuille, le *Mot d'Ordre,* jette l'anathème sur les 363 et prétend qu'ils ne sont pas soucieux des intérêts de leurs électeurs ; il a publié, sous le titre *Cartes sur table,* le minimum de ses revendications contre les *bourgeois républicains* et les conditions auxquelles il acceptera aux élections les modérés parmi les 363 : le maintien intégral du traité de Gambetta à Belleville, en 1869 ; le rétablissement de la commune, non pas seulement avec l'amnistie, mais avec des revendications; la suppression du budget des cultes, le remplacement de la magistrature *inamovible* par l'élection, celui de l'armée par la garde nationale, le bouleversement des impôts, la réforme de la propriété par le travail commun, c'est-à-dire par les ci-devant *rateliers* nationaux, la rémunération pécuniaire de tous les maires, conseillers municipaux, conseillers d'arrondissement, conseillers généraux, etc., et, en même temps, la diminution du traitement des généraux et des frais d'entrée en campagne des officiers en cas de guerre, des économies sordides et honteuses sur l'ordinaire du soldat et sur le prix du traitement des malades, et, par conséquent, des blessés, et, comme clôture, la déclaration de guerre au catholicisme.

Le *Journal des Débats,* qui est le principal organe des modérés, a déclaré, nonobstant ce manifeste, qu'il restera uni aux 363 ; seulement, il prétend « que, le lendemain de la victoire, il sera facile de « faire un gouvernement *conservateur,* parce que

« ceux qui pendant la lutte se seront trouvés côte à « côte dans le camp républicain, c'est-à-dire radical, « auront appris à se connaître, à s'estimer, et seront « disposés à toutes les concessions. »

Mais, quelques jours après, ce même journal, sans doute admonesté et menacé au sujet de cette innocente supposition, après avoir affirmé le succès futur des 363, annonce carrément que cette majorité sera plus exigeante envers le ministère actuel qu'envers les ministères Dufaure et Jules Simon ; puis il déclare que non-seulement il ne désavoue pas le radicalisme, mais qu'il l'adopte *formellement.*

C'est sans doute sous cette impression que le même journal vient de commettre la faute la plus grave, sinon l'acte d'insanité le plus caractéristique qu'on puisse concevoir, surtout d'après ses antécédents et ses prétentions *autoritaires* à la rigoureuse application des lois et de la constitution : *Le Français* du 4 septembre reproduit une manifestation du *Journal des Débats*, qui, après avoir supposé le cas où M. Gambetta serait condamné juridiquement, en raison de son discours de Lille, à une peine emportant privation de ses droits électoraux, s'est écrié : « Cela em« pêcherait-il M. Gambetta d'être élu quoique *non « éligible?* Non. Et quel est le *seul* juge de la validité « d'une élection? La Chambre. Dès lors on peut se « rassurer. La Chambre répondrait à un acte politique « (*mensonge impudent, puisque ce serait un arrêt « judiciaire soumis aux révisions de la Cour d'appel « et de cassation*) par un acte politique ; elle valide« rait l'élection de M. Gambetta. *Seul* parmi toutes « les feuilles radicales, le *Journal des Débats* avait « eu l'audace d'une telle supposition et d'une telle

« menace ; ce n'était pas une parole en l'air échappée « à un rédacteur trop jeune et trop passionné, car « ce journal est revenu *hier* sur cette annonce éven- « tuelle de révolte, il y insiste, etc., etc. » ; puis, comme complément, ce même journal vient, à l'occasion des funérailles de M. Thiers, de faire un reproche au gouvernent de ce qu'il n'ose *pas modifier ou interpréter les règlements :* c'est le journal la *Liberté* qui signale cette plainte absurde d'un trop grand respect pour la *légalité.*

Ainsi, la majorité future des députés radicaux, plus ou moins considérable, d'une seule voix peut-être, se trouve provoquée à l'avance à violer ouvertement soit la *Constitution* votée par une assemblée élue exprès par le suffrage universel et qui a fixé d'une manière expresse les conditions d'*éligibilité* et d'*inéligibilité,* soit l'arrêt rendu par la justice appelée par la même Constitution à en faire l'application. En vérité, si ce n'est pas là une abominable machination destinée à précipiter le pays dans l'anarchie, c'est tout au moins un nouvel acte de *folie furieuse;* ne sommes-nous pas autorisé, au nom de la raison et de la vindicte publiques odieusement outragées, à dire que le délit nécessite une répression sévère, ou l'insanité le traitement de Charenton ?

Les conservateurs, c'est-à-dire, les honnêtes gens de tous les partis ne peuvent raisonnablement conserver des doutes sur le sort qui les attend s'ils ne se hâtent de réunir franchement leurs efforts contre l'ennemi commun et, par conséquent, de renoncer, jusqu'en 1880, à leurs funestes divisions : ayant pour eux l'équité, le bon droit, la supériorité des lumières et de la fortune, soutenus par un gouvernement honorable et fermement résolu à maintenir l'ordre et la sécurité publique, ils ont entre les mains toutes les chances probables de succès s'ils veulent bien en profiter : ainsi, lors des prochaines élections, accord unanime sur les candidats acceptés par le ministère et, par conséquent, plus de compétitions politiques, d'autant plus qu'elles se trouvent réservées et renvoyées par la Constitution à l'époque de sa révision ; plus d'abstentions parmi ces conservateurs indolents ou timorés qui ont pu, jusqu'à présent, ignorer les dangers auxquels ils sont exposés ou qui ont été intimidés par les menaces ou les violences de voisins radicaux ; ils sauront qu'en même temps qu'ils seront, à l'avenir, protégés efficacement par l'autorité locale dans l'exercice de leurs droits politiques (ainsi qu'il sera expliqué plus loin), ils encourraient par leur abstention le mépris et les justes reproches de leurs concitoyens et, en même temps, la légitime réprobation de l'autorité.

Le parti catholique ne saurait, sans manquer à ses devoirs comme à ses intérêts bien compris, refuser son concours au gouvernement ni prétendre lui imposer des conditions ; outre qu'il doit soumission et obéissance au gouvernement établi, conformément à ce précepte divin, *rendez à César ce qui appartient à César*, n'est-il pas intéressé au maintien d'un ministère qui, tout en respectant la Constitution, les lois et, par conséquent, la liberté des cultes reconnus par l'État, lui est d'autant plus sympathique qu'il est toujours la religion dominante du pays; aujourd'hui, plus que jamais, le catholicisme éclairé par l'expérience ne veut devoir son expansion et son triomphe qu'à la libre conviction, à ses œuvres admirables de charité, à ses missions lointaines ; une correspondance toute récente de *la présidence de Madras*, adressée à l'*Univers*, rend compte des efforts prodigieux que font les *missions étrangères* pour arracher à la mort les victimes de la famine qui sévit dans l'Inde par suite d'une sécheresse persistante et inaccoutumée et qui fait périr sur plantes toutes les récoltes; en même temps, elle informe que les moribonds réclament en si grand nombre les derniers secours de la religion catholique, que les missionnaires peuvent à peine y suffire ; elle constate que *dix huit mille* baptêmes ont été donnés à des Indiens de tout âge depuis très peu de temps. Sans doute, le catholicisme a subi les atteintes et a souffert des erreurs et des fautes des gouvernements qui ont voulu l'asservir, comme l'attestent les guerres de religion, les scandales du règne de Louis XIV et de la régence, et comme l'ont reconnu hautement des prélats, des prédicateurs et des écrivains d'une foi orthodoxe et d'un mérite incontestés. Ainsi, Mgr l'archevêque d'Avignon, dans son premier discours à ses diocésains, en 1849, prononça ces paroles significatives : « Les pouvoirs qui osaient traiter avec « Dieu et lui mesurer sa place dans le monde sont « tombés ; une seule puissance reste debout et do- « mine les ruines, c'est l'Église de Jésus-Christ. »

A cette même époque, le père Lacordaire adressa au grand séminaire de Dijon une allocution qui fut remarquée et publiée, comme tout ce qui émanait de ce grand orateur, et particulièrement ce qui suit : « Depuis soixante ans les grandes catastrophes ont « été multipliées pour la France et l'Europe, qui se « précipitaient vers une dissolution dernière : les

« princes, les nobles, les savants, la bourgeoisie et le « peuple, tous avaient manqué à leurs devoirs ; la « corruption avait pénétré presque partout ; ceux « qui n'étaient pas coupables étaient endormis. »

Nous croyons devoir rappeler ici, au nom de la vérité qui ne cessera de nous inspirer, que la *Restauration*, au lieu de laisser à la religion la liberté et l'indépendance qui en sont l'élément constitutif et son influence naturelle sur la moralisation et le progrès, s'était efforcée d'en faire un moyen de gouvernement, un instrument de politique rétrograde ; elle a cru, par là, se fortifier et cimenter la prétendue alliance du trône et de l'autel : dans ce but, elle a fait un objet de spéculation des pratiques extérieures du culte en accordant des faveurs à ceux qui s'y soumettaient et en frappant de ses disgrâces ceux qui s'y refusaient. Cette corruption a eu pour résultat, tout à la fois de violer la liberté des consciences, d'exciter et d'encourager l'ambition par l'hypocrisie, de fournir des prétextes aux déclamations calomnieuses contre la religion, d'en éloigner les esprits incertains ou orgueilleux et de susciter des préventions et des animosités contre ses ministres. Mais la *Restauration* a subi la responsabilité de ces perturbations qui ont considérablement contribué à son impopularité et à sa ruine. Quant à la religion en elle-même, supérieure aux erreurs ainsi qu'aux misérables calculs des hommes et des gouvernements, elle ne saurait en souffrir ; de tout temps, les efforts qu'on a faits pour la détruire ou l'asservir n'ont abouti qu'à lui donner plus de force et plus d'éclat.

C'est donc à juste titre et avec un véritable à propos que le ministre actuel de l'instruction publique et des cultes, M. Brunet, dans un récent discours à Tulle, a répondu ainsi qu'il suit à ceux qui, à l'occasion de l'acte du 16 mai, avaient prétendu que c'était le *ministère des curés*. « La France ré-« pondra que les rentes, les dîmes et les billets de « confession *obligatoires* ont fait leur temps et que « c'est témoigner un singulier mépris de son intel-« ligence et de son bon sens que de la supposer « capable de se laisser prendre aujourd'hui à des « manœuvres électorales bâties sur de telles absur-« dités ». Le ministre de l'intérieur, M. de Fourtou, à l'inauguration du pont de Neuvic, après avoir énuméré les bienfaits que répand le catholicisme, a ajouté ce qui suit : « Nous aimons et respectons la « religion, mais il y a une chose que vous ne voulez « pas, c'est que les représentants du clergé songent « à se soustraire à l'observation des lois de l'État et « prétendent exercer dans le domaine des affaires « temporelles l'influence et l'autorité qui leur appar-« tiennent dans la sphère religieuse : voici la formule « de votre pensée : *l'indépendance du prêtre dans sa « paroisse, l'indépendance du maire dans sa com-» mune, chacun chez soi. C'est aussi notre senti-« ment.* Mais je me hâte de le dire, le clergé de « France ne songe nullement à menacer l'indépen-« dance de l'État, et nous, qui ne permettrons ja-« mais qu'on porte atteinte à cette indépendance, « nous devons rendre hommage à la sagesse et au « patriotisme de ceux qui sont si injustement accu-« sés de pareilles prétentions. »

Les déclarations de ces deux ministres sont une manifestation des sentiments unanimes du ministère comme du président de la République et des catholiques, sauf quelques exceptions inévitables à l'imperfection humaine ; c'est une réponse péremptoire, topique, à cette supposition faite par le moniteur du radicalisme, la *République française ;* d'après elle, « le maréchal de Mac Mahon n'a pas songé, le 16 « mai, au renversement de la République ; elle croit « volontiers qu'il veut simplement établir une Répu« blique *cléricale et réactionnaire.* »

Cependant il faut reconnaître, à la honte de notre époque, que malgré les déclarations formelles qui précèdent et malgré le bon sens le plus vulgaire, il y a encore dans la classe ouvrière et même dans les campagnes un certain nombre d'individus imbus de stupides préventions et dans lesquelles ils sont entretenus avec un zèle actif par des sectaires de mauvaise foi et les sociétés secrètes, qui semblent avoir pris pour devise *mentir et calomnier chaque fois qu'il est question du catholicisme* conformément au précepte ci-après mentionné.

Le catholicisme n'a donc pas besoin et ne veut pas des faveurs du gouvernement ; le traitement que reçoit le clergé ne saurait avoir ce caractère ; ce n'est pas seulement une modeste rémunération des immenses services qu'il rend au pays, c'est encore une indemnité incomplète du revenu de ses propriétés odieusement confisquées par la première Révolution; c'est là un fait reconnu par le Concordat et même par la Convention, cette terrible Convention tantôt invoquée et tantôt reniée comme *réactionnaire* par le radicalisme actuel ; le catholicisme ne demande au gouvernement qu'une seule chose, qu'il le protége contre les persécutions et la tyrannie des prétendus *libres penseurs*, persécutions d'autant plus odieuses qu'elles s'exercent au nom de la liberté ; ces derniers, du reste, ne font que suivre les instructions de leurs professeurs ; ainsi, nous avons remarqué dans un compte-rendu des œuvres de philosophes allemands cette étrange maxime, d'ailleurs audacieusement pratiquée de nos jours, que *si le mensonge et la calomnie sont à juste titre méprisables et réprouvés, ils sont excusables et même recommandés dans un seul cas, lorsqu'il s'agit du catholicisme.* C'est sans doute pour se conformer à cet enseignement qu'un professeur radical d'un lycée de France a eu l'effronterie de dire à ses élèves que « la commune de 1871 avait été faite par les légitimistes, les bonapartistes et les orléanistes et ses principaux chefs émanés des jésuites » ; l'article du journal l'*Univers* qui mentionne ce fait nous a d'autant moins surpris que nous avions remarqué un autre fait analogue dans une publication dont le souvenir nous échappe.

L'existence du parti *républicain conservateur* est facile à constater malgré les dénégations ignorantes ou intéressées non pas seulement des feuilles radicales, mais même de certains journaux dynastiques. Ce parti se divise lui-même en deux catégories, l'une, composée des adhérents anciens et nouveaux aux statuts du congrès républicain tenu à Paris en 1833, où il a eu le plus grand retentissement, même à la cour des pairs, ainsi que dans la province ; statuts publiés à diverses reprises et où se trouvent proclamés les principes invariables d'ordre et de moralité conciliés avec la véritable liberté, celle de faire le bien et d'empêcher le mal, comme avec la soumission aux lois et au gouvernement accepté par le pays, quel qu'il soit : comme confirmation de ce fait qui, au premier abord, peut paraître suspect ou tout au moins exagéré, nous nous hâtons d'en reproduire la manifestation ci-après : elle fut faite en pleine séance du congrès, par Armand Carrel à qui sa loyauté et son énergie ainsi que son mérite personnel et sa position de directeur du *National* avaient acquis une autorité incontestable et acceptée par des collègues plus âgés et plus haut placés, autorité qu'il exerçait avec auteur et sévérité sur ceux des républicains qu'il croyait dévoyés ou mal intentionnés : Nous reproduisons les termes de cette déclaration telle qu'elle a été publiée en 1849 sans avoir jamais été démentie : « Armand Carrel protesta donc énergiquement contre cet odieux projet d'imposer de force à la nation le système *républicain* et de le maintenir par la violence et la dictature ; suivant lui, tout citoyen qui aimait sincèrement son pays ne devait désirer et rechercher que la forme de gouvernement qui convenait *évidemment* à la majorité ; il déclara qu'en ce qui le concernait, s'il était convaincu que le vœu réel de la France fût, non pas seulement de rester sous le gouvernement de Louis-Philippe, mais même de retourner sous celui de la *Restauration*, il n'hésiterait pas à s'y soumettre ; en même temps, il blâma sévèrement toute opposition systématique, en soutenant que le devoir de la presse consistait, tout à la fois, à éviter au gouvernement le plus de fautes possible en les lui signalant, à les critiquer lorsqu'elles étaient commises et à accepter loyalement toutes les améliorations qu'il faisait. A la vérité, cette opinion fut vivement controversée par quelques-uns des membres de la minorité. Du reste, elle ne fut pas mise en délibération ; ce n'était qu'un développement de la question sur laquelle on devait voter, l'odieuse *Société des droits de l'homme.* » Nous croyons devoir rappeler ici que ce congrès était composé de délégués élus par les associations de la presse de chaque département, en majeure partie de députés et le surplus de publicistes ou de personnes influentes ; qu'il manifesta la plus grande antipathie contre *la République de 93* et qu'il nomma une commission à l'effet de supprimer la dénomination de *République* et de la remplacer par une autre pour le cas d'avénement de cette forme de gouvernement ; mais elle échoua dans ses recherches : ce congrès, tout en admettant le suffrage universel, fut d'avis qu'il devait être entouré de garanties et que l'épreuve en fut commencée par le suffrage à deux degrés ; de plus, il reconnut qu'une monarchie, même mauvaise, serait moins nuisible au pays qu'une mauvaise république ; sans doute, il y eut dans ce congrès dont les séances quotidiennes et presque publiques durèrent près de deux mois, des dissidents qui s'efforcèrent de faire prévaloir les odieux errements de 93, les détestables principes de la *Société des droits de l'homme ;* mais ils n'ont été qu'une infime minorité (4 ou 5 sur 86) et furent énergiquement et victorieusement combattus par Armand Carrel. En outre, les deux personnages les plus considérables d'entre eux, Voyer-d'Argenson, qui, après avoir été lieutenant-général et gouverneur de la Touraine sous Louis XVI, était président de ce congrès, et ce même Godefroy Cavaignac dont les radicaux ne cessent encore d'exploiter les antécédents, ne tardèrent pas à abjurer, séparément, leurs funestes doctrines ; tous deux sont morts résignés et consolés par les sentiments catholiques auxquels ils sont revenus; ce sont là des faits qui ont été plusieurs fois publiés sans être contredits et qui sont d'ailleurs tout-à-fait naturels; la conscience finit presque toujours par exercer sa légitime autorité et la Providence ne refuse pas le pardon d'égarements dont l'aveu est accompagné d'un repentir sincère et durable.

Nous avons lieu d'espérer que ces considérations, ainsi que d'autres que nous nous abstenons de reproduire parce que nous les croyons superflues et qui, toutes, ont reçu la consécration du temps et de la publicité sans subir aucun démenti, suffiront pour faire justice de ces allégations sans cesse renouvelées par certains journaux dynastiques et acceptées légèrement par des esprits prévenus, qu'*aucune république ne comporte des éléments d'ordre et de stabilité*. Au reste, l'opinion publique, dévoyée sur ce sujet comme sur tant d'autres, tend évidemment à se réformer; nous en trouvons une preuve toute récente dans le fait suivant rapporté par un journal dont les aspirations légitimistes et catholiques ne sont pas suspectes ; l'*Univers* du 31 juillet contient ce qui suit : « M. Herpary (Pas-de-Calais) est un des « très rares républicains modérés qui soient restés « fidèles à leur mandat : il sera le candidat des catho- « liques aux prochaines élections. »

D'un autre côté, nous sommes fondé à croire que le clergé, aujourd'hui plus éclairé et plus libéral, tout en conservant soigneusement ses traditions et ses devoirs de soumission et de dévouement envers la papauté, n'hésiterait pas à accorder ses sympathies à une république honnête et morale ; étranger, d'ailleurs, à tous les systèmes comme à toutes les agitations politiques, qui n'ont pour lui qu'une importance secondaire, le catholicisme s'adapte merveilleusement à toutes les formes de gouvernement, comme l'attestent les républiques de l'Amérique, et même la très petite république d'Andorre. Nul doute que si la religion catholique eût acquis en Russie cette salutaire influence à laquelle elle a tant de droits, elle l'aurait préservée de l'envahissement du *nihilisme*, c'est-à-dire de l'*athéisme*, avec ses conséquences abominables mais tout-à-fait logiques. Nul doute, non plus, que si le catholicisme était plus répandu en *Amérique*, il eût préservé cette grande nation des grèves et des émeutes qui la couvrent de sang et de ruines ; sous son égide, on serait parvenu à substituer à ces déplorables associations d'ouvriers contre les patrons, des sociétés *en participation* fondées sur des bases équitables et morales ; tout en conciliant les intérêts des capitalistes et des fabricants avec ceux des ouvriers, elles auraient intéressé ces derniers au succès de l'entreprise et auraient fait cesser ces cupidités et ces haines, causes de tant de désastres ; nous avons appris que deux sociétés de ce genre ont été établies en France et qu'elles prospéraient ; nous regrettons que l'urgence et les limites de cette publication ne nous permettent pas de produire les détails intéressants relatifs à ce sujet.

Nous ne saurions nous dispenser de mentionner ici l'Egypte et le Canal de Suez sur les bords duquel le fondateur de cette œuvre merveilleuse s'est empressé de faire construire des églises, ainsi que d'autres établissements destinés au catholicisme et d'y installer des missionnaires ; nul doute, au moins pour ceux qui ont la foi, que cette louable inspiration n'ait augmenté, même à son insu, ce dévouement inaltérable, cette persistance invincible et cette rare habileté au moyen desquels il est parvenu à surmonter les difficultés de toute espèce que les lieux, les hommes, la diplomatie et les gouvernements lui ont suscitées. Aussi, les services continuels que cette œuvre est appelée à rendre à l'humanité, à la civilisation et au commerce par une abréviation des distances aussi considérable comme par une diminution aussi sensible des dangers de la mer, assureront-ils à la mémoire de M. de Lesseps, et dans le monde entier, une durée autre que celle réservée à M. Thiers, ainsi que des témoignages de gratitude et de vénération sans aucun mélange de ces critiques et de ce blâme que ce dernier a encourus.

Le souverain Pontife, contre lequel s'acharnent la haine et les calomnies des radicaux et des libres penseurs actuels, n'a-t-il pas été, pendant les premiers temps de son pontificat, l'initiateur et le propagateur des libertés publiques en Italie, et, par conséquent, dans toute la chrétienté? Son libéralisme était tellement accentué que certains journaux retardataires de l'époque se sont permis de le traiter, non pas seulement de républicain, mais même de *révolutionnaire* et de *jacobin*. Il est notoire que l'assassinat de son ministre Rossi par des sectaires de l'athéisme a eu pour motif d'empêcher la continuation des essais de liberté combinée avec l'ordre et la morale, et, pour but, la cessation de cette popularité dont le gouvernement papal était environné et à laquelle il n'a cessé d'avoir droit par ses intentions comme par ses actes.

La remarquable histoire de Pie IX publiée par M. Villefranche, aujourd'hui propriétaire-rédacteur du *Journal de l'Ain*, a reproduit des traits aussi nombreux qu'intéressants de cette charité chrétienne et de ce véritable esprit de libéralisme dont le Saint-Père ne cesse d'être animé pendant sa longue et providentielle existence.

Le *Syllabus* lui-même, étudié avec impartialité et à l'aide des discussions qui ont eu lieu au concile, n'est autre chose que la proclamation de l'*infaillibilité* du souverain Pontife en matière de foi et de discipline catholique ; il ne renferme aucune ingérence dans les lois comme dans les pouvoirs des souverains et des gouvernements des diverses nations ; les exagérations de certains journaux et comptes-rendus, *plus royalistes que le roi*, et les calomnies des libres penseurs empressés d'en profiter, ont, seules, donné lieu à de fausses interprétations : si cette opinion n'est pas acceptée par des antipathies systématiques, elle se trouve, du moins, protégée contre toute supposition de cléricalisme et de royalisme par les précédentes explications.

Un ancien aumônier de l'armée dont nous déplorons les égarements, qui en a déjà fait une abjuration partielle et dont nous espérons le retour définitif aux saines doctrines, a exprimé dans l'un de ses écrits, au travers de ses erreurs, des réflexions politiques qui ont, à nos yeux, le double mérite du bon sens et de l'actualité : il affirme que la république, fondée sur les grands principes d'ordre et de moralité, est la forme de gouvernement la plus logique, la plus digne de l'homme, la plus propre à mettre fin aux guerres de conquête comme aux révolutions ; il exprime chaleureusement le désir de la voir s'installer définitivement en France et demande pourquoi elle serait impossible, d'autant plus, ajoute-t-il, « que ce n'est pas un parti, mais bien plutôt un terrain neutre sur lequel nous pouvons tous nous unir sans abdiquer. »

L'autre catégorie de républicains comprend ces conservateurs précédemment dynastiques qui, prévoyant l'extrême difficulté de faire triompher leurs préférences politiques en raison de leurs divisions entre trois partis distincts et les calamités auxquelles leurs tentatives exposeraient le pays, y ont loyalement renoncé et ont accepté la forme actuelle de gouvernement avec un président aussi distingué par sa bravoure sur les champs de bataille, sa droiture, son patriotisme et son désintéressement. C'est par ces considérations que Casimir-Perier, dont les antécédents, comme ceux de son père, avaient fait un orléaniste ardent, était devenu un républicain de *raison* et de *nécessité;* aussi, en votant la Constitution, a-t-il dit hautement : *c'est contre le radicalisme que je fonde la république!*

Sans doute, le nombre des républicains conservateurs de ces deux catégories n'est pas encore bien considérable, mais il tend chaque jour à s'accroître par suite de la réflexion et du bon sens · leur zèle et leur dévouement n'ont pas besoin d'être stimulés ; en dehors de toutes compétitions politiques ils lutteront avec ensemble et énergie contre cet abominable radicalisme, qui, en s'affublant du manteau de la république, ne fait que la compromettre et la déshonnorer. Le journal *la Défense* a dit avec raison que le radicalisme n'est pas un parti politique ; nous nous croyons autorisé, au nom de la vérité et de la logique, à lui refuser ce titre, de même que celui de *républicain;* c'est une association composée en grande partie de révolutionnaires et d'émeutiers, généralement ruinés ou déclassés, et d'individus ignorants et inconscients, mais d'autant plus prétentieux ; la plupart vivent dans le désordre et sont dépourvus de moralité et de patriotisme ; ils sont dirigés et asservis par des ambitieux qui, tout en les méprisant, flattent leurs vanités et excitent leurs convoitises ; ne sont-ce pas des moutons de Panurge dont l'aspect de gras pâturages auxquels les conduit la houlette enrubannée du berger a transformé la marche paisible en une course furibonde?

Cet exposé de la situation actuelle est sans doute incomplet et présente de nombreuses lacunes ; on ne saurait trop insister pour démontrer aux *conservateurs* des divers partis politiques la nécessité impérieuse de réunir leurs efforts et leurs votes en faveur des candidats qui seront présentés ou acceptés par le gouvernement aux prochaines élections et de renoncer, du moins jusqu'en 1880, à faire prévaloir leurs préférences ; des engagements antérieurs, la persistance orgueilleuse, la mauvaise volonté, la défiance, l'esprit d'opposition des uns, l'oubli, l'indifférence, la quiétude, la timidité des autres, sont des obstacles plus ou moins sérieux ; aussi, en proposant ci-après des mesures énergiques et efficaces pour prévenir de déplorables perturbations, y ajouterons-nous des faits et des considérations destinés, tout à la fois, à en justifier l'emploi et à combattre de fâcheuses résistances.

1°. Interdire formellement, sous peine de poursuites immédiates, même pendant la durée de la période électorale, toute offense et toute attaque, directes ou indirectes, contre le gouvernement actuel et son président, et rendues publiques par l'un des moyens prévus par les lois et la jurisprudence.

Il est évident que tout gouvernement a le droit et, même, le devoir d'empêcher que son existence et son autorité soient menacées et mises en question ; sa tolérance, alors même qu'elle serait inspirée par des sentiments de modération et de libéralisme, d'ailleurs tout naturels en temps ordinaire, serait, à l'époque actuelle, un véritable suicide, comme l'ont démontré les dernières élections faites sous le ministère Buffet ; en outre, la permission tacite accordée à une continuelle et menaçante agitation causerait inévitablement de graves préjudices à l'industrie, au commerce, au crédit public, qui ont un si grand besoin de stabilité : on doit comprendre qu'une république, pour être *conservatrice* et durable, a besoin d'exercer plus de sévérité qu'un gouvernement dynastique, à l'effet de maintenir le respect des lois et de la morale contre les abus de la liberté ; c'est là une vérité qu'avait proclamée le congrès républicain de 1833.

En conséquence, le gouvernement ne doit pas hésiter à révoquer tous ceux des fonctionnaires publics qui ont adhéré à la politique radicale ou qui n'y renonceraient pas formellement ; ils peuvent être facilement remplacés, sans que les services publics aient à en souffrir, soit par des fonctionnaires conservateurs qui, à ce titre, avaient été injustement destitués ou mis en expectative (et le nombre en est grand), soit au moyen d'avancements mérités, soit par les nombreux aspirants ou surnuméraires qui se livrent à des études spéciales en attendant la vacance des emplois : ainsi, tout fonctionnaire public saurait que, quelles que soient ses préférences politiques, il est tenu, au double point de vue de son intérêt et de sa conscience, de consacrer au gouvernement actuel, jusqu'à l'expiration légale de ses pouvoirs, non pas seulement ses votes dans les diverses élections, mais encore son concours actif et l'influence de sa position et que, dans le cas contraire, il est exposé à une révocation ou à un déplacement justement mérités : il est bien entendu que la magistrature *assise* se trouve exceptée de cette mesure ; elle a été instituée à titre *inamovible* dans l'intérêt public, pour assurer par son indépendance comme par ses lumières et ses études préparatoires l'exercice d'une bonne justice en dehors de la politique et des gouvernements ; elle remplit consciencieusement cette mission et la haute considération dont elle est entourée ne saurait être altérée par la calomnie, par des plaintes plus ou moins intéressées et même par des erreurs qui sont le lot de l'humanité; nous pourrions citer comme preuve de cette grande indépendance plusieurs exemples mémorabels ; nous nous bornerons à rappeler cette réponse qui les résume et qui est presque devenu banale, du président Séguier au roi Louis-Philippe, *la Cour rend des arrêts et non des services* : le gouvernement actuel ne vient-il pas de manifester son respect pour cette indépendance et pour la Constitution malgré des doutes sérieux sur son interprétation, en cessant les poursuites commencées contre un sénateur *radical* qui les avait largement provoquées ?

Les radicaux, par-dessus tout, ne sauraient se plaindre *sérieusement* de l'énergique et loyale résolution du gouvernement envers les fonctionnaires sous prétexte qu'elle porte atteinte à cette liberté sans frein dont ils revendiquent le monopole ; les innombrables destitutions qu'ils ont opérées chaque fois qu'ils sont arrivés au pouvoir, en 1790, en 1848, en 1871 comme en 1876, leur infligent des démentis sur lesquels, du reste, ils paraissent blasés et qui leur importent peu pourvu qu'ils n'arrivent pas à la connaissance des sectaires qu'ils s'efforcent de tromper et d'asservir : ainsi, en 1871, leur ministre de la justice, malgré ses antécédents et les traditions de sa profession d'avocat, n'a-t-il pas eu l'audace, pour stimuler le gouvernement, de lui adresser ce télégramme *Je remplace procureurs généraux et procureurs impériaux. — Je fauche les juges de paix ?* mais ce qui dépasse toutes les bornes ce sont ses tentatives directes contre l'inamovibilité de la magistrature en révoquant le président d'un tribunal et même en interdisant les audiences et en arrêtant ainsi le cours de la justice. Sur quelles lois, sur quelle jurisprudence, sur quelle nécessité, se sont appuyés les ministres ou commissaires, signataires de ces abominables dépêches télégraphiques trop bien obéies : *Destituez préfets et sous-préfets. — Flambez finances.—Fusillez-moi çà!* etc. Nous avons trouvé dans le journal la *Défense* la mention de diverses dépêches adressées, lors des dernières élections, les unes à Gambetta par des préfets, d'autres émanées du ministère, telles que celles-ci : *Assemblée sera mauvaise si nommée sans pression révolutionnaire.* — Ou bien : *Si préfet n'est pas à poigne,*

républicains enfoncés.— Ou bien encore : *Il ne faut pas craindre de faire vigoureusement de la pression électorale.* Sans doute, ce sont là des faits bien connus, mais sur lesquels il nous a semblé qu'on ne saurait trop insister soit pour faire cesser les hésitations du gouvernement dans un moment si critique, soit pour éclairer ceux des radicaux qui sont ignorants et ne sont pas absolument pervertis, soit pour arracher certains conservateurs à l'oubli, à l'indifférence ou à la quiétude insouciante dans lesquels ils persisteraient. Une feuille très répandue, en raison même de sa méchanceté et de son cynisme, le *Mot d'Ordre*, a publié récemment cette brutale provocation : « Travailleurs prolétaires, va-nu-pieds,
« vous qu'on appelle la vile multitude et *la canaille*,
« vous qui suez d'ahan *(sic)* des douze et quinze heures
« par jour pour augmenter le menu des convives du
« banquet de la vie au prix de quelques misérables
« reliefs à peine suffisants pour subvenir à vos be-
« soins et à ceux des vôtres, méditez bien ces pa-
« roles : souvenez-vous que vous êtes le *nombre*,
« c'est-à-dire la *force*, et que vous êtes en même
« temps la *misère*, c'est-à-dire le *droit ;* souvenez-
« vous que vous êtes les *souverains ;* en définitive,
« le temps viendra *bientôt* peut-être d'affirmer *effec-*
« *tivement* votre souveraineté *méconnue.* »

Un nouveau journal, l'*Enfant du Faubourg*, pour exciter de plus en plus les haines et les cupidités des classes inférieures, continue la dissertation, la glose sur l'expression du mot *canaille* exploitée par le *Mot d'Ordre ;* la forme et le fond en sont trop odieux et trop écœurants pour que nous les reproduisions ; seulement nous ferons remarquer qu'il termine en disant : *Votons pour les 363*, afin, sans doute, d'assurer le triomphe de leurs haines et de leurs convoitises.

2° Après avoir démontré l'utilité, le droit et le devoir pour le gouvernement de prohiber toute attaque contre son existence, nous espérons qu'il nous sera facile de faire comprendre la nécessité impérieuse de la mise prochaine *en état de siége*, et, surtout, pendant la période électorale ; cette mesure est tout-à-fait *légale*, elle est conforme à la loi républicaine du 9 août 1849, non révoquée ; aussi, a-t-elle été appliquée pendant les deux élections de 1871 et 1876 et si ces dernières ont eu un aussi déplorable résultat on ne saurait hésiter à l'attribuer aux tiraillements qui existaient dans le sein du ministère, à sa faiblesse, à son inertie, et même à la connivence de quelques-uns de ses membres ; mais aujourd'hui qu'il se trouve heureusement remplacé par un ministère tout-à-fait conservateur et homogène, l'avantage et le besoin de cette mesure ne se font-ils pas sentir plus que jamais en présence des faits anciens ainsi que des nouveaux qui sont beaucoup plus accentués? les menaces et les attaques directes et publiques contre le chef du gouvernement émané de la Constitution et dans le but avoué de le renverser avant l'expiration *légale* de son pouvoir, les projets hautement formulés sur le retour des déportés avec gratifications, le bouleversement des impôts, de la propriété, de la magistrature, la suppression de l'armée, les excitations incessantes à la haine et à la spoliation adressées aux classes inférieures contre les autres, les pressions et même les violences exercées sur des conservateurs aux dernières élections ; les iniques et scandaleuses invalidations prononcées par la majorité des 363 à la dernière Chambre des députés, d'infâmes et continuelles provocations à une invasion étrangère, produites en présence de la guerre d'Orient et n'ayant pour prétexte que de misérables et absurdes calomnies contre le catholicisme! Le radicalisme a d'ailleurs résumé ses intentions dans cette brève et significative publication, ni *cloche*, ni *tambour*, c'est-à-dire *ni ordre matériel, ni ordre moral, ni Dieu, ni armée.*

D'un autre côté, une nouvelle mise en état de siége ne donnerait-elle pas au gouvernement le droit et la facilité d'affirmer plus librement sa neutralité ainsi que son intention de maintenir la paix au milieu des complications extérieures et de pourvoir, en même temps, à des dépenses imprévues? Poser ces questions n'est-ce pas les résoudre? C'est en vain que des consultations d'avocats qui ont pris part, ou ont plus ou moins adhéré aux insanités du radicalisme, s'efforceraient avec le ton majestueux du conseil des Dix, de soulever des chicanes, non plus, sur la légalité de la mise en état de siége, qui est indiscutable, mais sur l'interprétation élastique du parlementarisme ou de l'esprit de la Constitution; le mépris et le ridicule ne tarderaient pas à en faire justice, du moins pour tout esprit sérieux. Ce qui démontre de plus en plus leur impuissance, leurs contradictions et le peu de respect qu'ils ont pour la loi et la Constitution, c'est le conseil donné par ce comité de jurisconsultes de transformer la session des conseils généraux en protestations politiques, alors que la loi leur interdit formellement toute préoccupation de cette nature et leur commande de se consacrer exclusivement aux intérêts des localités qu'ils représentent; si aujourd'hui les conseils généraux, comme les conseils d'arrondissement, ne peuvent remplir l'objet principal de leurs convocations, *la répartition de l'impôt*, quelles en sont les causes, sinon la mauvaise volonté et le refus de vote de l'impôt par les 363, qui forment la clientèle la plus importante de ce ridicule et odieux comité de jurisconsultes? Puis, ces derniers ayant eux-mêmes figuré, pour la plupart, parmi les 363, on comprendra le peu de valeur que doivent avoir aux yeux du public des consultations ou des avis émanés de ceux qui sont, tout à la fois, juges et parties Lorsqu'on a, comme eux ou leurs clients, porté atteinte aux libertés les plus ordinaires qu'avaient respectées le parlementarisme et même les monarchies ; lorsqu'aux démentis, aux contradictions, aux palinodies de toute espèce viennent s'ajouter de honteuses compromissions financières sur lesquelles on refuse la lumière, et même des faits notoires d'immoralité, il semblerait que le silence serait une convenance et une obligation; mais ils ont cru, non sans quelque fondement, que l'audace aurait des chances de succès sur cette partie du public qui est ignorante ou pervertie. Toutefois, la vérité et l'impartialité dont nous ne cesserons de suivre les inspirations, nous font un devoir de faire quelques exceptions, et, notamment, de reconnaître que dans ce cénacle, ce prétendu aréopage, se trouve le nom d'uu membre du barreau de Paris justement distingué par son mérite et son caractère et qui, jusqu'alors, semblait être resté en dehors des agitations politiques ; nous ne le désignerons pas autrement, voulant, *autant que possible,* éviter les personnalités.

Mais ces ergoteurs devenus aujourd'hui si pointilleux sur le parlementarisme et l'interprétation des lois, ont-ils, au moins, respecté pendant qu'ils étaient au pouvoir l'existence des conseils généraux et des conseils d'arrondissement? Nous trouvons dans le *Journal* de *l'Ain* un décret signé Gambetta et Crémieux en date du 13 septembre 1870, par lequel ces conseils sont dissous et remplacés par des commissions départementales, et, de plus, les budgets départementaux réglés d'après un décret révolutionnaire du 13 septembre 1870 et une simple circulaire du 17 décembre suivant. Une circulaire de M. Thiers aux préfets du 7 juin 1872, alors qu'il était au pouvoir, de ce partisan si passionné du parlementarisme et des libertés sans frein lorsqu'il en était déchu, contient les ordres suivants contresignés par son ministre de l'intérieur, M Victor Lefranc, l'un des 363 : « Monsieur le Préfet, les ennemis du « gouvernement font imprimer à l'étranger (comme « aujourd'hui) des écrits calomnieux qui ont pour « but d'exciter au mépris et à la haine du gouverne- « ment et du chef de l'État (Thiers) . il importe de « déjouer sans retard ces manœuvres et d'user à « l'égard de ceux qui y participent, de tous les « moyens de répression dont l'autorité est investie. « — Veuillez donc transmettre immédiatement aux « sous-préfets, aux maires, aux commissaires de « police, aux chefs de la gendarmerie et à *tous* « *les agents* placés sous vos ordres, les instruc- « tions les plus rigoureuses afin que rien ne soit « négligé de ce qui pourrait mettre obstacle à

« *un colportage* aussi dangereux que coupable. — « Les individus qui prendraient part à la distribution « des écrits dont il est question, les introduiraient « en France ou les transmettraient à d'autres, de- « vront être recherchés, *arrêtés* et déférés aux tri- « bunaux en exécution de la loi du 29 juillet 1849. « — Vous aurez soin de prescrire les investigations « et les *visites domiciliaires* quand elles vous paraî- « tront de nature *à mettre l'autorité sur la voie des* « *coupables*. — Vous vous concerterez avec la jus- « tice pour que, dans le cas où les mêmes pamphlets « *seraient expédiés par la poste, les saisies et les* « *perquisitions que la loi autorise fussent sans retard* « *opérées*. Il faut, en un mot, que l'administration se « montre ferme et vigilante ponr déjouer ces menées « incessantes qui tendent à agiter le pays. Il faut « aussi que chacun soit convaincu qu'un *prompt* « *châtiment atteindrait, quels qu'ils fussent, les au-* « *teurs ou les complices de ces manœuvres.* » Puis, le *Journal de l'Ain*, qui a reproduit cette circulaire, ajoute : *Et dire que MM. Thiers et Victor Lefranc approuvent aujourd'hui les consultations du comité des jurisconsultes de la gauche!* On n'en finirait pas si on voulait relever toutes les contradictions et toutes les insanités commises par les partisans, même les plus éclairés et les plus importants, du radicalisme ; c'est d'ailleurs une nécessité pour toutes les mauvaises causes de se trouver constamment en opposition avec la vérité, la logique et le bon sens.

Notre respect pour une tombe, à peine fermée, ne nous permettant pas des critiques *personnelles* sur M. Thiers ; d'un autre côté, la *Vérité* et l'*impartialité* qui ne cesseront de nous inspirer, nous faisant un devoir de reproduire les appréciations laudatives ou sévères qui apparaissent sur cette existence si tourmentée, nous reproduisons *in extenso*, deux articles remarquables que nous venons de trouver dans deux journaux de la province, le *Courrier du Dauphiné* et l'*Impartial Dauphinois;* nous donnons la priorité au blâme, afin qu'il soit atténué par l'éloge en laissant au lecteur le soin d'apprécier.

Le *Courrier du Dauphiné* s'exprime ainsi qu'il suit :

« Grenoble, le 5 septembre 1877.

« M Thiers est mort dans sa quatre-vingt-unième « année, ayant vécu soixante ans de trop pour le « malheur de son pays, dont il a été le démolisseur « infatigable, le Voltaire politique. Les républicains « d'aujourd'hui versent d'hypocrites pleurs sur la « tombe de celui qu'ils appelaient ironiquement le « cheval de renfort; » les républicains de 1848, au « contraire, n'avaient pas assez de mépris pour cet « ambitieux, qui, une fois en place, renia ses amis, « Carrel, Dupont de l'Eure, et enchaîna la liberté. A « nos yeux, le seul service que Thiers aura jamais « rendu à la France, sera d'être mort assez à temps « — peut-être ! — pour : disloquer la coalition révo- « lutionnaire en lui enlevant son point d'appui, pri- « ver de guide et de flambeau les bourgeois de 1830, « ôter à Gambetta le concours de son ascendant « incontestable sur un grand nombre d'électeurs, « laisser les républicains timides seuls avec leurs « doutes en face du radicalisme, en un mot, affaiblir « le parti de l'opposition au Maréchal

« Le seul esprit de Thiers a été l'esprit de contra-

« diction, et c'est là ce que voulait dire Talleyrand « en portant sur lui ce jugement fameux : « Il a « infiniment d'esprit, mais il perdra la France. » « Talleyrand ne se trompait pas de beaucoup. Exa- « minez avec une scrupuleuse attention la longue et « fiévreuse existence qui vient de s'éteindre, elle se « résume en un mot : Opposition. L'opposition était « la conséquence inéluctable du genre d'esprit de « Thiers. Né pauvre, il lui fallait de la fortune ; né « obscur, il lui fallait un nom. Il se jeta donc dans le « parti libéral, plutôt par nécessité que par convic- « tion. Quels pouvaient être ses griefs contre la « Restauration ? Elle avait fermé les plaies et payé « les dettes de la France, franchement adopté le ré- « gime parlementaire, donné un élan prodigieux au « mouvement littéraire et artistique, relevé notre « gloire militaire et notre prestige en Europe par la « conquête d'Alger et par l'habileté de sa diplomatie.

« Thiers, néanmoins, s'affilia aux *carbonari*, qui « reçurent ses serments de HAINE à la monarchie « légitime L'avocat manqué se fit journaliste et ou- « vrit lâchement le feu contre un gouvernement « beaucoup plus libéral que tous ceux qui ont suivi. « Il affecta un bel enthousiasme pour la Révolution, « s'en fit l'historien intéressé, glorifia Danton et les « conventionnels, atténua l'horreur du nom de Ro- « bespierre. Le fanatisme calculé de ses hyperboles « lui gagna les notabilités libérales du temps, et « bientôt, fondant le *National* avec Mignet et Carrel, « ils en firent sortir toute armée l'inepte révolution « de 1830

« Le courant révolutionnaire le porta enfin au pou- « voir. Or, il aimait la possession du pouvoir, a écrit

« de lui le républicain Cormenin, qui connaissait son « homme, « non pas pour ce que le pouvoir est en « lui-même, mais pour le bien-être que le pouvoir « procure. » Cela est si vrai que toute la politique « de Thiers, sous Louis-Philippe, fut une chasse dé- « sordonnée aux portefeuilles. Rien ne coûte pour « les obtenir à qui professe le mépris absolu des « principes.

« Sur les bancs de l'opposition, il enseignait que « le roi règne et ne gouverne pas, il flattait les gardes « nationaux en les appelant baïonnettes intelligentes, « il avait toujours à la bouche le mot de liberté ; et, « lorsque ses manœuvres l'avaient remis au minis- « tère, il faisait du terrorisme constitutionnel, plai- « dait l'hérédité de la Pairie, poussait le roi dans la « voie du gouvernement personnel, attachait son « nom à l'état de siége de Paris, aux mitraillades de « Lyon, aux déportations du mont Saint-Michel, aux « lois contre les associations, contre les crieurs pu- « blics, contre la garde nationale, contre le jury, et « contre la presse, d'où il était sorti. Que pensent les « républicains des lois répressives par lui présentées « après l'attentat de Fieschi? L'homme qu'ils font « semblant de pleurer aujourd'hui était-il alors, oui « ou non, un plat adulateur du « roi des Français? » « Thiers, ministre, passait son temps à discourir, à « s'enrichir, à tramer des complots qu'il se donnait « la gloire de déjouer ; il allait enfin, en 1840, jus- « qu'à mettre le pays à deux doigts de sa perte, en « bravant, sans argent et sans armée, les cours « réunies de l'Europe.

« Tout esprit de parti à part, comment un homme « d'honneur qualifiera-t-il le marché passé par Thiers

« avec un juif pour se faire livrer une femme, une « héroïne, la duchesse de Berry? et les ignobles trai- « tements auxquels il la soumit dans sa prison?

« Les grands causeurs ne sont jamais de grands « politiques : Thiers en est une preuve. De quel se- « cours fut-il à la monarchie bâtarde de juillet, lorsque « la démocratie fit irruption à son tour, sur la scène « politique, en 1848? Le moment du danger, c'est « celui attendu par les grandes âmes ; à ce moment, « Thiers et son école, l'école bourgeoise, l'école des « appétits satisfaits, détalèrent au pas de course de- « vant l'émeute, sous divers déguisements. C'est le « propre des bougeois ventrus et repus de servir un « régime, non pas en serviteurs fidèles, mais en « pires domestiques.

« Le courtisan et le ministre de Louis-Philippe ne « rougit pas, plus tard, de soutenir la candidature de « Louis-Napoléon à la présidence ; mais, après la « revue de Satory, sentant que l'empire se tiendrait « à l'écart, lui, l'homme indispensable, il reprit ce « rôle d'opposant, qui est la caractéristique de cette « nature irritable et fugace. Il est incontestable, tou- « tefois, que le beau rôle de Thiers a été joué sous « l'empire, et qu'il a indiqué clairement à Napoléon III « à peu près toutes les fautes que son gouvernement « commettait ou allait commettre. Ses discours sur « les finances, sur le Mexique, sur les affaires d'Alle- « magne, sur les libertés nécessaires sont des témoi- « gnages éclatants de cette vérité.

« Mais, au moment du 4 septembre, le vieux cons- « pirateur se réveilla, et Thiers, sur qui l'on comptait « pour présider le Corps législatif en présence de « l'émeute, leva discrètement le pied et la séance.

« On l'a dit fin diplomate : à quoi nous a servi en « 1870 son voyage circum-diplomatique en Europe ? « A-t-il rapporté dans ses bagages, au secours de la « France, un seul sac d'écus, un seul soldat? Thiers « était allé tout simplement préparer son retour aux « affaires, pour le jour des préliminaires de la paix.

« En reconnaissance de son opposition à la décla- « ration de guerre de 1870, vingt-six départements « l'élisent député ; une assemblée essentiellement « monarchiste le porte à la suprême magistrature. « Mais le Bosco de la tribune met l'Assemblée sous « son gobelet, et, entendant bien ne céder la place « à personne, il invente une République à lui, la con- « servatrice, et escamote la Royauté.

« L'Assemblée nationale inspire-t-elle assez de « confiance pour que l'Allemagne consente à con- « clure la paix, pour que les capitalistes couvrent un « formidable emprunt? est-elle assez sage pour anti- « ciper la libération du territoire? Thiers en rapporte « à lui seul toute la gloire. Et quand on lui offre, à « lui, riche à millions, de reconstruire aux frais de « l'État son hôtel incendié, il accepte une indemnité « de 1,200,000 fr. En 1815, M. de Richelieu, qui « avait empêché le démembrement de la France par « les alliés, c'est-à-dire conservé l'Alsace et la Lor- « raine, et abrégé de deux ans la durée de l'occu- « pation, refusa la récompense nationale offerte par « les Chambres ; cependant il était pauvre. Comparez « et jugez ces deux citoyens.

« Les républicains attribuent à Thiers la répression « de la Commune. La vérité est que l'insurrection du « 18 mars est en grande partie imputable à son im- « prévoyance. Que serait-il advenu, si, pendant que

« Thiers filait de Paris au triple galot de ses che-
« vaux, le général Vinoy n'avait pas fait occuper le
« Mont-Valérien, et si, à Versailles, Mac-Mahon avait
« voulu écouter les plans de siége que Thiers préten-
« dait lui dicter? Le vainqueur de la Commune, ç'a
« été Mac-Mahon et pas un autre, comme l'Assem-
« blée nationale a, seule, été la libératrice du ter-
« ritoire.

« Thiers pouvait mettre fin aux révolutions qui
« nous tuent en restaurant la monarchie ; ses remords
« de 1830, le souvenir de Nantes et de Blaye l'en ont
« empêché. Et puis, n'avoir rien au-dessus de soi !
« Être roi de fait, sinon de droit et de nom ! Ce rêve
« de l'ancien étudiant devenu une réalité palpable,
« lui fit sacrifier à sa vanité la cause du peuple, et
« c'est lui qui nous a fourrés dans le guêpier républi-
« cain d'où je ne sais quel miracle nous pourra tirer
« maintenant.

« Pour recouvrer sa présidence perdue, le ministre
« orléaniste qui mitraillait jadis les démocrates, des-
« cendit dans la rue et leur donna l'accolade. Dieu l'a
« surpris au beau milieu des mauvais desseins qu'il
« méditait encore dans son inextinguible ambition.

« On veut lui faire des funérailles publiques. Je
« comprends ces honneurs pour les républicains de
« l'antiquité, qui mouraient sans le sou, en confiant
« leurs filles à la patrie ; mais Thiers meurt sans
« enfants et laisse de quoi doter plusieurs milliers de
« filles de ces prolétaires qu'il a toujours cordialement
« détestés.

« Accordez lui une simple pierre et gravez-y ces
« seuls mots : *Homme de Juillet, qu'as-tu fait de la*
« *France*?

« Henri ARSAC. »

L'article de l'*Impartial Dauphinois* est ainsi conçu:

LA MORT DE M THIERS.

« Ce n'est pas un grand homme, au sens complet « du mot, qui vient de s'éteindre hier soir à Saint- « Germain-en-Laye, dans un pavillon décoré du « nom d'un grand roi; mais c'est un homme qui a « joué un rôle important, capital, décisif, dans l'his- « toire de notre chère France, et à ce titre seul sa « mort devrait être considérée comme un événe- « ment.

« Nous n'avons pas l'intention de faire aujourd hui « la biographie de M. Thiers. Dans sa vie si longue « et si remplie, à l'heure où le fil en 'est subitement « brisé, nous ne voulons voir que ce qu'il y eut de « généreux, de beau, de sympathique, ce qui impose « le respect, ce qui commande l'admiration. Nous ne « voulons voir que ces souvenirs hélas! tout frais « encore de nos désastres nationaux du milieu des « quels sa figure se dresse comme celle d'un grand « citoyen, d'un grand patriote qui n'a rien épargné « ni pour prévenir nos malheurs, ni pour nous en « relever.

« Nous ne voulons voir que l'homme d'État clair- « voyant qui criait à l'Empire près de nous entraîner « inconsidérément dans la plus folle des aventures : « Prenez garde, vous courez, et la France avec vous, « droit à un abîme insondable ! »

« Nous ne voulons voir que le diplomate infatiga- « ble, qui, ses conseils méprisés et la France roulant « déjà pêle-mêle avec l'Empire sur la pente des dé- « sastres et de la ruine, a eu la force, malgré ses « ans, d'aller frapper tour à tour à la porte de toutes

« les cours européennes, pour y demander appui « au nom de sa patrie, sans se laisser rebuter par « les égoïstes refus, par les lâches indifférences, par « les complicités masquées qui l'accueillirent dès le « début dans ce douloureux pèlerinage.

« Nous ne voulons voir que l'élu de vingt-six dé-« partements, que le chef du pouvoir exécutif choisi « par l'Assemblée nationale, cette assemblée si pa-« triotique, si française, quoi qu'on ait pu lui repro-« cher, si grande dans l'abnégation qu'elle a faite de « ses rêves caressés, de ses théories les plus chères, « de ses espoirs les plus ardents, pour assurer la « paix publique et rendre plus facile le relèvement « de la patrie.

« Nous ne voulons voir que l'adversaire acharné, « triomphant de la Commune, qui sut, en faisant « appel à nos plus hautes capacités militaires, re-« constituer avec les débris de nos forces écrasées, « en face de l'émeute sanguinaire, une armée fran-« çaise, c'est-à-dire la bravoure et l'honneur au ser-« vice de la loi sûre désormais d'avoir le dernier « mot.

« Nous ne voulons voir enfin que le « libérateur « du territoire, » celui qui, par d'intelligentes com-« binaisons financières, aidé d'ailleurs merveilleuse-« ment par les ressources et la générosité du pays, « a fait reculer peu à peu vers la frontière, garnison « par garnison, étape par étape, cette armée d'occu-« pation qui était à la fois une charge, un danger et « un opprobre, jusqu'à ce que le dernier casque prus-« sien eût disparu au tournant de la dernière route « française, jusqu'à ce que « la grande blessée » pût « se retourner enfin sur sa couche de douleurs sans

« voir briller à côté d'elle, en faction, une bayonnette « étrangère.

« Si tant de gloire a été plus tard obscurcie, s'il « y a eu dans cette existence des défaillances ina- « vouables, des compromis aussi incompréhensibles « que navrants, nous n'en voulons rien savoir au- « jourd'hui. L'histoire, qui a le droit de soulever les « pierres tombales et de porter sur la cendre des « morts une main hardie, se prononcera sur ce point.

« Il nous suffit que ce trépas, arrivé à temps, ait « empêché une décadence irrémédiable ; qu'il ait « rompu, entre le « sinistre vieillard » qu'invecti- « vaient les sicaires de la Commune, et les commu- « nards qui marchaient hier encore côte à côte avec « lui à l'assaut du pouvoir, une alliance honteuse, « monstrueuse, contre nature.

« Le premier président de la République française « de 1875 est mort. La République, elle, n'est pas « morte : mais que ses partisans sincères, ceux qui « n'y sont attachés que parce qu'ils y voient le bien « du pays, la seule forme de gouvernement actuelle- « ment possible, s'en souviennent et s'en inspirent « dans leurs votes et dans leur conduite : la Répu- « blique sera conservatrice ou elle ne sera pas. Cet « avertissement, répété tout récemment encore par « la bouche la plus autorisée, à leurs yeux, qui pût « le leur adresser, leur arrive maintenant avec le « prestige d'une recommandation dernière. Leurs « regrets, nous n'en doutons pas, vont se manifester « vifs, bruyants, exagérés peut-être ; qu'ils en mon- « trent la sincérité en tenant compte de cette pré- « diction suprême d'une intelligence supérieurement « douée, qui n'a jamais vu plus clair que le jour où

« l'évidencce et le bon sens réunis la lui ont imposée. Ainsi, mieux que par tous les panégyriques, « ils honorent la mémoire d'un homme qui eut ses « faiblesses et ses travers, mais dont l'esprit avait « des intuitions peu ordinaires, dont le cœur aimait « la France d'un amour vraiment filial, et dont la « dépouille mérite assurément l'hommage que le « gouvernement, dit-on, se prépare à lui rendre : « des funérailles solennelles, faites aux frais du pays, « en témoignage d'un deuil national.

« Henri VINCENT. »

Pour éclairer, de plus en plus, le lecteur sur les sentiments généreux du maréchal de Mac Mahon et de son ministère à l'occasion des obsèques de M. Thiers, sur les détestables et insidieuses intentions de ses partisans de la dernière heure ainsi que sur l'odieuse pression qui semble avoir été exercée sur la veuve et sur sa sœur, nous reproduisons dans son entier le remarquable article de M. *Paul de Cassagnac* que nous venons de trouver dans le journal le *Pays :*

« Ce que nous avions prévu dans notre article « d'hier est arrivé.

« Madame Thiers a maintenu ses conditions, conditions humiliantes pour le gouvernement, et le « Maréchal a dû rapporter son décret.

« C'était indiqué. La France ne pouvait pas faire « les frais d'une promenade insurrectionnelle et d'un « enterrement factieux. Le gouvernement ne devait « pas protéger, couvrir et garantir les facéties électorales de M. Gambetta et des sénateurs républicains.

« C'était un rôle bête et dangereux.

« Aussi louons-nous le gouvernement de l'avoir « compris et d'être revenu sur une détermination « imprudente.

« D'ailleurs, nous espérons que la leçon sera pro- « fitable.

« Le Maréchal a voulu faire de la générosité : on « s'est moqué de lui.

« Sa conduite toute chevaleresque ne lui a attiré « que des mépris.

« C'est bien fait.

« Et le Maréchal comprend aujourd'hui ce que « nous comprenons depuis longtemps ! à savoir que « se conduire loyalement, noblement, avec les répu- « blicains, c'est une simple aberration. Autant vau- « drait, comme dans la fable, mettre des perles de- « vant les animaux qu'on connaît.

« Donc, M. Thiers n'est plus l'hôte funèbre de la « France.

« Ce n'est plus la patrie en deuil qui va mener ses « funérailles.

« Rien désormais de national dans son affaire der- « nière.

« La passion politique s'y est opposée.

« L'enterrement grandiose fait place à l'enfouisse- « ment ;

« La cérémonie devient un acte parlementaire ;

« Le cercueil est un tribune ;

« Le cadavre fait de l'opposition.

« C'est que la République le veut ainsi. On avait « besoin de ce corps, et on l'a pris. Il va servir à « l'agitation dont on a besoin. Le catafalque sera le « mur sur lequel on affichera le manifeste des 363.

« La fosse creusée est le scrutin dans lequel on vo-
« tera.

« Le cimetière est le lieu de la réunion publique.

« Tout y est. La chose est complète. Et il y a là
« deux femmes qui prétendent aimer ce mort et qui
« le livrent aux profanateurs, aux exploiteurs, à tous
« ces hommes qui vont l'étaler sous vitrine, qui
« qui vont le colporter, qui vont le dépecer dans
« l'ignoble foire organisée par eux.

« En vérité, c'est immonde !

« Et on voudrait que nous nous inclinions devant
« de pareilles infamies !

« On voudrait que ce mort-là nous inspirât respect
« et vénération !

« Allons .donc !

« Et ce sont les républicains qni doivent assumer
« la responsabilité du déshonneur qui tombera, avec
« chaque pelletée de terre, sur ce cercueil.

« Ils ont enlevé au mort ce qui pouvait s'y trouver
« d'auréole et de prestige. L'historien, l'orateur, le
« chef de l'État, tout cela est fini, tout cela a dis-
« paru.

« Ils l'ont transformé en cadavre rebelle, en ma-
« chine à tapage, en prétexte à désordre.

« Triste retour des choses d'ici-bas, pour celui
« qui réprima les émeutes de la rue Transnonain,
« du Cloître Saint-Méry, qui fit fusiller les commu-
« nards !

« La révolution se venge de son âme en s'empa-
« rant de son corps.

« Elle l'arrache au Panthéon qu'il avait peut-être
« rêvé et lui donne le seul endroit qu'elle puisse
« donner : Montfaucon !

« Voilà donc le gouvernement dégagé de toute obli-
« gation personnelle vis-à-vis de M. Thiers.

« Mais il n'est pas libre vis-à-vis de la société,
« qu'il a l'impérieux devoir de préserver.

« Nous sommes convaincu qu'il prendra les me-
« sures nécessaires et que commande la situation.

« On dit que le service funèbre se fera à la Made-
« leine et non à Notre-Dame-de-Lorette.

« Pourquoi permettrait-on cela ?

« Notre-Dame-de-Lorette est la paroisse du dé-
« funt : qu'il y reste.

« Il est vrai que le quartier, composé de rues
« étroites et étranglées, se prêterait difficilement à
« une manifestation dans le genre de celle que les
« républicains préparent.

« On préfère, et cela se comprend, la Madeleine,
« qui est plus vaste et qui est au centre des grands
« artères, de la rue de Rivoli, des boulevards et de
« la rue Royale.

« Là, les manifestants pourront s'étendre et se
« développer à leur aise.

« Le gouvernement se fera-t-il le complice et l'aide
« de ces combinaisons de désordre ?

« Le préfet de police autorisera-t-il ce change-
« ment de paroisse, fait uniquement dans le but de
« troubler plus complètement et plus facilement la
« tranquillité de la ville?

« Ce serait un peu fort.

« Et les discours, va-t-on les tolérer?

« Quand un gouvernement veut être respecté, il
« faut qu'il se montre respectable, et on n'est repec-
« table que lorsque l'on montre de la résolution et de
« la vigueur.

« Or, de quoi s'agit-il?

« S'agit-il de conduire honnêtement et pieusement « à sa dernière demeure les restes d'un citoyen ?

« La famille, les amis, ne réclament-ils que le « droit de pleurer et de prier ?

« Les hommes choisis pour prononcer l'oraison « funèbre n'ont-ils d'autre but que d'attendrir la « foule et l'inviter à la componction?

« Pas le moins du monde, et il est bien question « de tout cela !

« On veut se servir de cette bière comme d'un bé- « lier pour ébranler le gouvenement ;

« L'enterrement est une manifestation politique ;

« Les discours seront des appels séditieux.

« Alors, à quoi bon permettre tout cela?

« Pourquoi de gaîté de cœur, et par faiblesse, « encourager les fauteurs de désordre?

« Le gouvernement, à la veille des élections, prou- « vera qu'il est en état de nous défendre contre les « morts et contre les vivants.

« Il a des commissaires de police : qu'il s'en « serve pour couper la parole à l'orateur.

« Il a une armée : qu'il l'emploie à maintenir la « paix dans la rue.

« Et que cette manifestation, qui devait tourner « contre nous tous, tourne à la confusion et à la « honte de ceux qui l'ont organisée !

« Voilà ce que fera le gouvernement, s'il est digne « de rester au pouvoir.

« PAUL DE CASSAGNAC. »

L'incertitude ou le retard apportés par le gouvernement sur la mise en état de siége ne sauraient durer plus longtemps sans compromettre le succès des élections ; cette mesure est réclamée par la majeure partie des journaux conservateurs ; la *Défense* elle-même qui, dans le principe, y était contraire, semble, bien qu'indirectement, en admettre la possibilité ; après avoir exprimé ses doléances sur la faiblesse du gouvernement réagissant nécessairement sur les fonctionnaires ce journal termine par cette information significative : « ce qui est bien en « désaccord avec les hypothèses d'*invirilité*, c'est la « nouvelle donnée par un journal allemand, le *Post*, « que l'état de siége doit être proclamé dans toute la « France à la veille des élections. Nous ne pensons « guère que M. de Broglie choisisse à Berlin les « confidents de sa politique intérieure. La prédiction « de la feuille allemande serait-elle alors un écho de « *nécessités prévues* ou motivées par la guerre inconstitutionnelle et peu courtoise que les 363 font au « gouvernement de leur pays? *Qui vivra verra* ». Quant à l'opposition presque isolée du *Constitutionnel*, il est probable qu'elle cesserait devant une solution : organe d'anciens abonnés à la fois timorés et frondeurs, mais soumis au fait accompli, il en suivra sans doute les inspirations. Le *Français* fait du reste, sur ce journal, la remarque suivante : « Les journaux « radicaux sont fort empressés, depuis quelque « temps, à nous opposer certains articles inspirés au « *Constitutionnel* par une mauvaise humeur dont il « nous importe peu de rechercher les petits causes. »

En ce qui concerne les feuilles plus ou moins radicales, leurs clameurs, leurs cris de paon, indiquent suffisamment combien elles redoutent cette mesure dont elles ont usé avec une violence et un despotisme que le gouvernement actuel n'imiterait pas et dont il n'aurait pas besoin ; aussi l'une d'elles, la *Lanterne* s'est-elle empressée de rappeler les paroles prononcées à la tribune par l'un des ministres, M. Brunet. *Nous ne décrèterons pas l'état de siége à moins que les radicaux nous y forcent* ; paroles, du reste, très convenables et qui laissent au gouvernement comme au public le soin d'apprécier si ceux-ci menacent ou non la sécurité et les intérêts du pays.

Dans les départements on s'aperçoit que la position est devenue plus difficile et plus tendue que dans les deux premiers mois qui ont suivi l'acte du 16 mai, depuis que le gouvernement semble avoir apporté de l'hésitation, de la mollesse et une certaine tolérance vis-à-vis des agissements du radicalisme et qu'en même temps celui-ci est devenu plus audacieux; les remarques et les plaintes des journaux conservateurs sont nombreuses, nous en trouvons la manifestation significative dans un article du *Journal de l'Ain* du 24 août, que nous nous empressons de reproduire en raison non-seulement de son actualité, mais encore en raison de l'importance que cette feuille a acquise par sa nouvelle rédaction comme par la modération de ses opinions politiques et religieuses, modération qui a été spécialement remarquée par un journal de Paris, la *Défense* : « Le contre-gou-
« vernement doit être satisfait, son comité de juris-
« consultes a été obéi avec une ponctualité qui peut
« rendre jaloux le gouvernement véritable. Dans
« tous les conseils généraux où le hasard, les cal-
« culs ambitieux ou la peur assuraient une majorité
« aux 363, une protestation a été votée contre le

« gouvernement légal du pays ; partout où les 363 « se trouvaient en minorité, la protestation a été « proposée. Le tout avec accompagnement de dis- « cours violents et, dans tous les cas, factieux et « hypocrites. C'est la loi qu'on prétend défendre et, « par la défense même on la viole, puisque la poli- « tique est interdite aux conseils généraux. Il n'est « pas jusqu'à d'anciens ministres, MM. de Marcère « et Christophe, qui ne se permettent de transfor- « mer à Messer près de Donfront, un comice agri- « cole en arène politique.

« On se demande, au milieu de cette anarchie, ce « que devient le gouvernement du Maréchal et si le « Maréchal a encore un gouvernement. M. de Mac « Mahon et ses ministres voyagent et font des dis- « cours ; M. Gambetta et ses amis, ministres d'hier, « les imitent de point en point et leur discours à « eux ne sont pas des moins retentissants. Ils ont à « leur disposition les journaux les plus répandus et « les agents électoraux de beaucoup les plus actifs ; « ils menacent les fonctionnaires, traînent les pré- « fets devant les tribunaux et se vantent de dresser « dès aujourd'hui l'acte d'accusation du Maréchal « et de ceux qui le servent. Le public écoute et « regarde ébahi ; sa première pensée est que nous « n'avons pas de gouvernement ; mais en y réflé- « chissant un peu plus, il comprend que nous en « avons deux, et il n'est pas loin de croire que le « bon c'est le plus audacieux, celui de Gambetta.

« La situation devient intolérable, si elle était « renversée et que Gambetta fût au pouvoir *légal* et « MM. de Broglie et de Fourtou, dans l'opposition, « il y a longtemps que Gambetta aurait répondu aux

« criailleries factieuses et aux tracasseries pharisaï- « ques par le balayage général du comité des juris- « consultes et des conseils généraux (ainsi qu'il en « a été fait mention précédemment). Nous n'en « demandons pas autant, du moins en ce qui con- « cerne les conseils généraux. Mais pour Dieu ! « qu'on fasse quelque chose, qu'on s'affirme et au- « trement que par des discours. Sinon les candidats « de M. de Fourtou auront exactement le même sort « que ceux de M. Buffet et par les mêmes motifs. »

Ce qui démontrerait, au besoin, les bonnes intentions et l'impartialité de ce journal et combien il est éloigné de faire au gouvernement une opposition systématique, c'est l'article suivant que nous avons trouvé sous le titre *Informations :* il justifiera de plus en plus notre opinion sur l'utilité et l'urgence de la mise en état de siége : « Nous croyons savoir « que la question de l'état de siége dont on ne s'était « pas encore occupé, malgré tous les bruits mis en « circulation par la presse radicale, va être traitée « dans le prochain conseil des ministres. L'attitude « de certains conseils généraux qui se mettent en « révolte ouverte contre le gouvernement est de na- « ture à justifier l'application d'une mesure excep- « tionnelle et il ne serait pas impossible que le gouver- « nement, se trouvant désarmé contre des menées « factieuses que la loi n'atteint pas, ne se décidât à « proclamer l'état de siége dans toute la France.

« Il se confirme que des poursuites vont être « exercées contre M. Gambetta à l'occasion de son « discours de Lille et contre certains membres du « comité républicain du Nord, organisateurs de la « réunion. Cette mesure énergique produira le meil- « leur effet dans le pays. »

L'extrait ci-après d'une correspondance de la *Défense* dans les départements indique nettement, à un autre point de vue, les incertitudes et le manque d'énergie de l'autorité ; après avoir reproduit certaines insanités d'une brochure publiée sous le nom de Jean-Pierre Giraud, cultivateur et ancien fourrier, elle ajoute : « Ces brochures circulent dans les cam« pagnes, car les directeurs des postes les laissent « passer sans difficulté ; je l'ai déjà dit, mais je ne « cesserai de le répéter, si les paysans ne sont pas « éclairés, s'ils ne sont pas protégés contre la pro« pagande radicale, les élections prochaines seront « plus mauvaises que celles de 1876. Les préfets, les « sous-préfets persuadés du contraire (ou faisant « semblant de le croire) dorment tranquillement ; « qu'ils se réveillent, qu'ils agissent au plus vite, car « les ennemis de la France s'apprêtent à lui livrer « un assaut formidable. »

Nous avons, nous-même, remarqué, non sans regret, dans les diverses localités où nous ont appelé des relations de famille et d'affaires, les appréhensions de presque tous les conservateurs avec lesquels nous nous sommes trouvé en rapport sur les mauvaises dispositions des maires et des conseils municipaux non révoqués, sur les défaillances ou les incertitudes des fonctionnaises publics, sur les agissements audacieux des radicaux et sur le résultat des élections prochaines.

Nous ajouterons ici que l'opinion publique, du moins celle qui est éclairée et qui veut que la loi soit appliquée à tous et partout, s'étonne et s'indigne de ce que les enquêtes ordonnées par l'Assemblée législative sur les événements de 1870 et 1871, et le rapport si remarquable de M. Chaper, député de l'Isère, restent enfouis dans les cartons de même que celui de la Cour des Comptes sur la disparition, sans justification, de tant de millions : quelle que soit la position de ceux qui se trouvent compromis ils ne sauraient échapper à la vindicte des lois sans que la morale publique n'en souffre ; il faut absolument qu'ils se justifient dans les débats judiciaires où ils doivent être appelés, sinon qu'ils subissent la juste punition de leurs méfaits ; nous avons vu sous des gouvernements royaux, notamment sous celui de Louis-Philippe, des généraux et même des ministres, quoique entourés de hautes protections, poursuivis et condamnés judiciairement ; celui de la République a, moins que tout autre gouvernement, le droit de couvrir de son égide les turpitudes de ceux qui ne semblent l'avoir proclamée et dirigée que pour satisfaire leur orgueil et leur cupidité ; sans doute, les juges appelés par la loi et la Constitution à prononcer sur ces faits déplorables prendront en considération les désordres et certains manques de régularité qui sont la conséquence inévitable d'une guerre civile et d'une invasion étrangère ; mais il n'est pas douteux que, nonobstant ces graves inconvénients, la *vérité*, sérieusement et impartialement recherchée, ne finisse par se faire jour : déjà le gouvernement, poussé à bout par l'audacieux discours prononcé à Lille, vient d'ordonner des poursuites contre l'auteur qui, sans respect pour la Constitution, a osé commander au chef de l'État de se *soumettre* à une future majorité, fût-elle factieuse, ou de se *démettre* nonobstant la durée de ses pouvoirs ; mais ce n'est là qu'une satisfaction incomplète donnée à l'indignalion publique, il faut absolument, nous ne saurions trop le redire, que les conclusions de la Cour des comptes et les enquêtes et rapports sur les turpitudes de 70 et de 71 reçoivent une solution juridique ; l'intérêt et la moralité du pays le demandent impérieusement. Nous mentionnons, en y ajoutant notre adhésion sauf la critique exprimée contre le gouvernement, l'article ci-après extrait du journal le *Pays* : « On doit reconnaître que dans l'affaire des « poursuites contre M. Gambetta, le gouvernement « agit avec une grande mollesse et bien peu d'adresse. « Pourquoi, quand les ministres ont décidé de poursuivre le dictateur, ne l'ont-il pas fait immédiate« ment arrêter, ni fait procéder à une perquisition « dans le domicile particulier de M. Gambetta et « dans le logement qu'il occupe à la *République* « *française*. » Il faut que ce chef du radicalisme soit tombé bien bas pour qu'un journal sérieux et réservé, le *Français*, après avoir signalé les vanteries de Gambetta toujours démenties par les faits, ait terminé sa critique par une comparaison avec Robert-Macaire, le fondateur de l'école des Rabagas.

Nous croyons avoir démontré, pour tout lecteur impartial, la nécessité et l'urgence de la mise en éta de siége, peut-être même nous reprochera-t-il une insistance qui, pour lui, est superflue et fastidieuse ; toutefois, nous nous permettons encore de mettre sous les yeux cette provocation de plus en plus significative que le *Mot d'ordre* vient d'adresser au radicalisme et que le *Français* mentionne avec une juste indignation : « Dès maintenant, la démocratie doit se préparer à des événements qu'il est de son intérêt de prévoir si elle veut être prête quand viendra l'heure, *peut-être prochaine*, où il lui faudra décider, *elle-même*, de ses destinées ; » nous espérons que l'utilité de la reproduction de cette menace sera justifiée en présence des hésitations et des scrupules, d'ailleurs honorables, du gouvernement qui s'efforce de donner au pays toutes les libertés compatibles avec l'ordre et la morale et des oppositions systématiques de certains conservateurs ; les uns, nous le répétons, sont timorés ou désespèrent de l'avenir ; d'autres, indifférents ou incrédules sur les dangers de la situation craignent des dérangements dans leurs habitudes, même la suppression de lectures malsaines ; d'autres, mais dont le nombre a sensiblement diminué devant des périls devenus imminents, sont restés dynastiques intransigeants et préfèrent, d'après leur expression pittoresque, *passer immédiatement la mer rouge* pour obtenir l'avènement du souverain de leur choix, à l'essai d'une République conservatrice et honnête.

Mais pour assurer l'efficacité de la mise en état de siége et le succès légitime du parti conservateur aux prochaines élections, nous croyons devoir proposer l'adjonction de diverses mesures, complémentaires, à celles précédemment indiquées et adoptées, en partie, par le gouvernement.

Ainsi, l'interdiction des sociétés secrètes, notamment de l'*Internationale* et de la *Marianne;* en même temps qu'elles dépravent et surexcitent les classes inférieures plus encore que la franc-maçonnerie, elles en perçoivent des souscriptions, en apparence minimes, mais qui, par le nombre et la fréquence, s'élèvent à des chiffres considérables et servent à alimenter les feuilles révolutionnaires ainsi que les grèves et les émeutes.

La réorganisation provisoire des commissaires de police pour chaque canton où a eu lieu la suppression, choisis parmis les officiers en retraite qui se présenteraient et rempliraient les conditions nécessaires ;

L'embrigadement des gardes champêtres réclamé depuis longtemps, dont un heureux essai a eu lieu dans quelques localités et dont l'adoption par la Chambre des députés a été empêchée par les événements de 1870 ;

L'augmentation de la gendarmerie, deux par cantons, choisis dans chaque département parmi ceux des anciens militaires qui, faisant partie de l'armée territoriale, se présenteraient et rempliraient les conditions voulues.

Par ces mesures les fonctionnaires publics et les agents de l'autorité se sentiraient, tout à la fois, surveillés, excités à donner leur concours au gouvernement et soutenus par lui, toute liberté et une protection efficace seraient assurées aux élections, comme ailleurs, à de nombreux conservateurs qui ne se sont abstenus que pour se soustraire aux menaces et aux violences des radicaux. En outre (ce qui est d'une haute importance), cette organisation, cette concentration de surveillance continuelle et de force contribueraient puissamment à réprimer et même à prévenir les crimes et les délits de toute espèce dont le nombre et la gravité ne cessent de s'accroître et fournissent au parti radical les plus dangereux auxiliaires; une statistique publiée par divers journaux a constaté que sur les 3,800 déportés politiques il y avait plus de 1,200 (le tiers environ) repris de justice ou condamnés pour crimes et délits de droit commun et dont elle a produit la nomenclature.

Sans doute, des objections peuvent être faites contre la mise en état de siége : lors même qu'elles nous paraissent réfutées implicitement par les faits et les considérations qui précèdent, nous croyons devoir les produire franchement. Nous ne prétendons pas qu'elles soient sans valeur ; nous nous bornerons à démontrer que les inconvénients de cette mesure seraient, de beaucoup, inférieurs à ses avantages.

La première de ces objections serait que le gouvernement, désireux d'acquérir ou de conserver une honorable popularité, veut éviter, autant que possible, de recourir à des moyens exceptionnels et autoritaires ; qu'il y a lieu d'espérer, de ceux qu'il vient d'adopter ainsi que des réflexions et du bon sens du public, surtout depuis le décès de M. Thiers, des élections meilleures que les précédentes et que, dans le cas où il en serait autrement, il lui resterait le droit de prononcer de nouvelles dissolutions de la Chambre des députés, jusques en 1880.

Nous répondons, au nom de la *vérité* et de la raison affirmées par les faits et considérations qui précèdent, que les populations égarées par les prédications, les clubs, les sociétés, les journaux et feuilles périodiques du radicalisme, ainsi que par les faiblesses et les connivences des ministres précédents, n'ont pu encore être ramenées à des opinions plus saines depuis l'avénement du ministère actuel ; outre qu'il n'aurait pas le temps nécessaire pour les éclairer avant les élections par des publications spéciales dont elles refuseraient de prendre connaissance tant qu'elles recevraient les feuilles et publications des radicaux, la persistance et l'activité de ces derniers ainsi que des ambitieux qui se sont mis à leur suite, favorisées, pendant la période électorale, par la liberté spéciale que la loi lui attribue en temps ordinaire, ne feraient que maintenir et accroître de funestes erreurs ; d'un autre côté, les abstentions continueraient probablement de la part de certains conservateurs timides ou hésitants, qui ne se sentiraient pas suffisamment protégés contre le retour de menaces ou de violences dont ils ont été l'objet : n'est-il pas probable que la mise en état de siége, accompagnée des mesures efficaces ci-dessus indiquées, parerait à ces inconvénients ? Puis, cette mise en état de siége, tout-à-fait temporaire, qui, dans son application, respecterait la liberté du vote ainsi que toutes les libertés qui ne seraient pas contraires à l'ordre et à la morale, qui préserverait des perturbations de la politique le crédit public, le commerce, l'industrie et le travail, loin de nuire à la popularité du président de la République et de son ministère, ne ferait que l'augmenter et la fortifier?

Quant au droit qu'a le gouvernement de dissoudre, jusqu'à l'expiration légale de ses pouvoirs, une chambre des députés hostile et résolue à entraver les services publics, en faisant appel à d'autres élections, nous sommes loin de le contester ; nous disons même que ce serait pour lui un devoir rigoureux ; alors, sans doute, il n'hésiterait pas à y ajouter la mise en état de siége : mais nous demandons s'il ne serait pas préférable d'adopter dès à présent cette mesure exceptionnelle évidemment favorable aux prochaines élections, ne fût-ce que pour prévenir ces agitations politiques et sociales toujours nuisibles aux intérêts matériels et qui pourraient devenir dangereuses en présence des complications de la guerre d'Orient ? N'est-il pas probable qu'au moyen de cette mesure énergique, mais temporaire et justifiée, d'ailleurs, par tant de menaces et d'attaques *inconstitutionnelles,* les électeurs qui sont intéressés dans l'industrie, les travaux, l'agriculture, les finances, convaincus que le président de la république est *plus que jamais* résolu à aller *jusqu'au bout,* renonceraient à une opposition stérile pour éviter de nouvelles et immédiates atteintes à leurs intérêts et sans espoir de compensation prochaine?

La deuxième question, plus sérieuse et plus difficile à résoudre, du moins en apparence, c'est de trouver les fonds nécessaires pour faire face aux dépenses extraordinaires qu'occasionneraient les propositions ci-dessus d'augmentation de commissaires de police et de gendarmes et d'embrigadement de gardes champêtres, alors surtout que la Chambre des députés a refusé le vote des quatre contributions ? Nous devons préalablement indiquer le chiffre approximatif de ces dépenses.

En faisant la compensation des provinces perdues de l'Alsace et de la Lorraine avec l'annexion de Nice et de la Savoie et en faisant abstraction de l'Algérie et des colonies, on peut admettre que la France se compose de 85 départements, 400 arrondissements, 4,000 cantons et 40,000 communes; le traitement annuel des commissaires de police à rétablir dans les trois quarts des cantons, soit dans 3,000 cantons ruraux qui en sont dépourvus, peut être évalué à 2,000 fr., en tout 6 millions ; deux gendarmes par chacun des 4,000 cantons, à 1,500 fr., nécessiteraient une somme de 12 millions. L'embrigadement de 40,000 gardes champêtres occasionnerait un supplément de traitement de 200 fr. pour chacun d'eux en moyenne, suivant les situations différentes qui leur sont faites par les communes ; le chiffre total s'élèverait à 8 millions. Total 26 millions, auxquels il faudrait ajouter 5 millions pour primes, frais d'habillement, etc. Total *31 millions.*

VOIES ET MOYENS.

Nous ne voyons qu'un seul moyen *légal* et immédiatement efficace, celui des *souscriptions volontaires ;* déjà cette mesure est mise en pratique dans plusieurs localités en vue des élections, notamment pour publier et répandre des écrits et journaux à bon marché, destinés à combattre les détestables doctrines du radicalisme, à éclairer et à ramener à de meilleurs sentiments des électeurs égarés ; nous approuvons complétement ce moyen, dont la complète efficacité nous paraît subordonnée à la suppression des mauvaises lectures, et nous nous sommes empressé d'y contribuer. Mais il nous semble tout-à-fait insuffisant, dans la forme comme dans le fond, pour le but que nous voudrions atteindre.

Nous proposons une *double* souscription à ouvrir dans chaque commune par l'entremise des maires et des percepteurs et dont ces derniers recevraient le montant qu'ils transmettraient aux trésoriers généraux, après avoir donné des récépissés détachés d'un registre à souche ; ces souscriptions seraient remboursables par l'État, en trois années, avec intérêts à 4 p. 100.

L'une de ces souscriptions serait consacrée spécialement aux fonctionnaires publics qui ne pourraient y prendre part pour un chiffre inférieur au dixième de leur traitement.

L'autre serait illimitée et s'adresserait à tous les conservateurs.

Ce ne serait, comme on le voit, qu'une avance faite au gouvernement avec un intérêt convenable ; il est probable que, sauf des cas exceptionnels de gêne, celle qui serait destinée aux fonctionnaires publics serait acceptée ; ils craindraient que le refus ne compromît leur position ; par là, ils se trouveraient d'autant plus intéressés à user de leur influence pour obtenir des élections favorables au gouvernement. Quant à la souscription proposée aux conservateurs, il est évident qu'ils n'y prendront part qu'autant qu'ils seront convaincus des dangers auxquels ils sont exposés et de la résolution prise par le gouvernement, d'une manière plus ferme et plus accentuée, de les en préserver ; la meilleure preuve qui puisse leur en être donnée c'est la mise *en état de siége*. Dès lors leur concours deviendrait d'autant plus assuré et plus énergique.

On objectera, non sans quelque apparence de raison, que ces *31 millions* seront une charge ajoutée à celles, déjà énormes, du budget ; nous répondrons qu'indépendamment des immenses services que rendrait au pays l'emploi de ces dépenses, elles ne tarderaient pas à être couvertes et largement dépassées par une mesure réclamée depuis longtemps au nom de l'intérêt public et de l'équité et sans cesse retardée par des motifs plus spécieux que réels, *la révision du cadastre, la péréquation de l'impôt*. Cette opération ne serait ni aussi longue, ni aussi dispendieuse qu'on l'a prétendu ; en prenant le plan cadastral de chaque commune pour base de la mensuration et de la configuration du terrain, qui sont généralement exactes, il ne resterait qu'à effectuer sur les matrices cadastrales, avec les garanties prescrites par la loi et les règlements, les changements survenus dans les constructions et la valeur des terrains ; un supplément *temporaire* de traitement aux contrôleurs, surnuméraires et autres employés, ainsi qu'aux percepteurs, les écritures et impressions nécessaires, etc., ne sauraient être comparés aux frais considérables d'arpentage, de plans et autres auxquels a donné lieu l'établissement primitif du cadastre : il résulterait des nouvelles rectifications une augmentation de l'impôt tellement considérable, que, pour ne pas écraser la propriété, une loi devrait en modifier l'application. La France possède encore beaucoup d'autres ressources importantes, mais qui ne peuvent être réalisées qu'à l'aide du calme, de l'ordre et de la sécurité publics ; les limites de cette publication ne nous permettent pas de les indiquer.

Nous reconnaissons, ainsi que nous l'avons dit en commençant, que la mort *providentielle* de M. Thiers a dû apporter la division et le désordre dans le sein de la conjuration radicale ; mais ses véritables et impitoyables sectaires n'ayant, d'ailleurs, ni foi, ni moralité, ni patriotisme, ayant, en général, peu à perdre et beaucoup à gagner à l'émeute et à un bouleversement social, n'auront-ils pas recours à cette dernière extrémité ? Ne feront-ils pas tous leurs efforts pour y pousser ces masses d'ouvriers et autres, égarées et asservies par les sociétés secrètes ?

Sans doute, le gouvernement s'empresserait de les

réprimer ; mais ces tentatives, alors même qu'elles devraient échouer, ne donneraient-elles pas lieu aux plus graves inconvénients, à des préjudices considérables pour le commerce, les finances ? Quelles en seraient les conséquences en présence des complications extérieures ? Ne serait-il pas plus prudent et plus avantageux de les prévenir par l'état de siége *immédiat* que d'avoir à les réprimer ? Ce sont là des questions sur lesquelles nous croyons devoir insister et qui, nous l'espérons, justifieront, de plus en plus, les mesures que nous venons de soumettre à l'appréciation du lecteur éclairé et judicieux.

Nous terminerons ici l'œuvre complexe et pénible que nous avons entreprise sous l'égide continuelle de la *Vérité* et à l'aide de documents sérieux : démontrer les dangers imminents dont sont menacés les conservateurs et la France tout entière par une secte impie et barbare soutenue elle-même et dirigée par des ambitieux à tout prix, qui, pour satisfaire leur orgueil et leur cupidité, ont renoncé à toute dignité ; prouver la nécessité pour les conservateurs des divers partis politiques de réunir leurs efforts contre l'ennemi commun, de maintenir le gouvernement actuel jusqu'à l'expiration légale de ses pouvoirs et, par conséquent, de renoncer, jusque-là, à toutes dissentions politiques ; constater l'existence, depuis plus de quarante ans, des principes d'ordre et de morale adoptés par les républicains *conservateurs ;* séparer ce parti du *radicalisme*, qui n'est pas un parti mais une association de malfaiteurs et d'ambitieux qui, en se couvrant du manteau de la *République*, la compromettent et la déshonorent ; démontrer que le catholicisme, le clergé français et le Souverain Pontife sont loin d'être hostiles au progrès des lumières, à un libéralisme bien entendu et à une république honnête et conservatrice, où la liberté ne dégénérerait pas en licence et se concilierait avec les principes immuables de l'ordre et de la morale; indiquer enfin l'utilité et la nécessité de *l'état de siége* et de diverses mesures accessoires, ainsi que les voies et moyens pour faire face aux dépenses extraordinaires qui seraient nécessaires.

Le lecteur appréciera la mesure dans laquelle nous avons accompli un programme aussi compliqué: nous nous hâtons de reconnaître, comme nous l'avons déjà dit, qu'il renferme de nombreuses lacunes et regrettons que le manque de temps et notre insuffisance personnelle ne nous aient pas permis de les combler ni de donner à ce travail la forme et l'élégance de style qui en auraient rendu la lecture moins fastidieuse; nous avons dû borner nos efforts à la clarté, à la précision et, par-dessus tout, à la véracité; nous laissons au lecteur impartial le soin et le droit de juger si nous avons atteint ce but; peut-être même que, par l'effet d'une entente *tacite* entre les conservateurs *dynastiques* qui ne veulent pas qu'une *république* quelconque ait des chances de durée, et les radicaux qui sont antipathiques à une république conservatrice, cet écrit passera inaperçu; dans ce cas, notre conscience suffirait pour nous dédommager de la stérilité de nos efforts; disposé à supporter la critique et la médisance, nous poursuivrons *jusqu'au bout* la répression judiciaire de la calomnie lorsque nous en sentirons la nécessité; avons-nous besoin d'ajouter que, dans le cas où le gouvernement ne croirait pas devoir adopter la mise en état de siége et les mesures accessoires indiquées ci-dessus, nous ne cesserions de faire des vœux et des démarches pour que nos prévisions soient démenties par l'avenir? nous ne ferions, ainsi, que donner satisfaction à nos intérêts et à notre conscience.

Nous avons eu d'abord l'intention de laisser cette modeste publication sous le voile de l'*anonyme* dans la double pensée que la *Vérité* n'a pas besoin d'un nom pour s'affirmer et que, par là, nous éviterions des critiques ou des suppositions *personnelles* malveillantes; mais la réflexion, jointe à de judicieux conseils, nous y a fait renoncer : nous avons compris que l'anonyme inspirant, généralement et à juste titre, la défiance et même la déconsidération, ferait supposer que celui qui a publié des faits aussi graves a reculé devant la responsabilité parce qu'il n'avait pas lui-même une conviction et des preuves suffisantes, et que c'était pour nous un devoir de sacrifier nos susceptibilités *personnelles* à la confiance que nous devions nous efforcer d'imprimer à cette publication. De plus, on nous a fait remarquer que *cette expérience des hommes et des affaires* que nous avons invoquée dès le principe, en raison de notre âge, afin de donner à cette œuvre plus de crédit et une sorte d'autorité, avait besoin d'être justifiée par des antécédents probablement oubliés ou ignorés; nous nous sommes donc décidé, malgré nos répugnances, à joindre à notre nom l'indication de diverses positions auxquelles nous avons été appelé en majeure partie par des élections précédées ou suivies de publications sur l'économie politique et sociale.

Brevi moriturus nec ambitionem nec vanitatem, nisi insanis, appetit. Celui qui présume qu'il va bientôt mourir n'a plus, à moins qu'il ne soit un insensé, ni ambition, ni vanité.

MORELLET,

Ancien
- Notaire à Bourg,
- Président des Associations de la presse dans l'Ain,
- Délégué au Congrès républicain de 1833, à Paris,
- Président du Comité de rédaction du *Conciliateur de l'Ain*,
- Vice-Président de la Société d'extinction de la mendicité à Bourg,
- Membre des Académies de Grenoble, Besançon, Chambéry,
- Membre de la Société d'agriculture de Grenoble,
- Vice Président au Congrès scientifique de France,
- Délégué au Congrès des sociétés savantes, à Paris,
- Secrétaire et Délegué à l'assemblée génerale de la Société de Saint-Vincent-de-Paul, à Paris,
- Membre des Sociétés des Écoles d'Orient, de la Propagation de la Foi, de l'Œuvre de saint Pierre, etc.
- Membre du Conseil d'administration de Suez.

8175. — Grenoble, Imp. Allier.

www.ingramcontent.com/pod-product-compliance
Ingram Content Group UK Ltd.
Pitfield, Milton Keynes, MK11 3LW, UK
UKHW021009200726
13857UKWH00004B/1359

9 782011 619594